COMMENT J'AI MANGÉ MON ESTOMAC

DU MÊME AUTEUR

Éditions Bernard Barrault

Tristesse de la Balance et autres signes, 1983, prix A. Barre/SGDL
Chronique de la vie continue, 1984
Soirées dansantes à l'orphelinat, roman, 1985
Le Parapluie du Samouraï, roman, 1987
Je voudrais parler au Directeur, roman, 1990, prix Thyde-Monnier
Higelin, Higelin, récit-portrait, 1991

Julliard

Le Pas du loup, roman, 1995, prix de Flore
Le Sage a dit, 1997 (J'ai lu, 1999)
La Petite Fille qui se souvenait d'avoir parlé avec l'ange, roman, 1997
L'Infini et des poussières, roman, 2000
Tristesse de la Balance et autres signes, album (dessins de Martin Veyron), 2001
Derniers camps de base avant les sommets, 2002, prix Grand Chosier, prix Rhône-Alpes
L'Angleterre ferme à cinq heures, 2003
Rappelez-moi votre nom, 2004
La Course du chevau-léger, roman, 2006 (La Loupe, 2007)
Tristesse de la Balance (6e édition avec postface), 2007
J'aime pas les autres, roman, 2007, prix Georges-Brassens (10/18, 2009)
Les Sales Bêtes, prix 30 millions d'amis, 2008
Les autres, c'est rien que des sales types, 2009, Grand Prix de l'humour noir
Mariages, nouvelles, 2010
Commandeur des Incroyables et autres Honorables Correspondants, 2012
Les autres c'est toujours *rien que des sales types*, 2012

Contributions

Le Grand Con, 2003, Le Seuil /Patrick Couratin
Des Papous dans la tête – l'Anthologie, 2004, *Dictionnaire des Papous dans la tête*, 2007, Gallimard
Des nouvelles du prix de Flore, 2004, Flammarion
Ousmane Sow, 2006, Actes Sud

JACQUES A. BERTRAND

COMMENT J'AI MANGÉ MON ESTOMAC

roman

Julliard
24, avenue Marceau
75008 Paris

ISBN 978-2-260-02122-3

La vie, c'est ce qui vous arrive quand vous êtes en train de faire autre chose.

John LENNON

Si quelqu'un me tendait la première pierre, je n'hésiterais pas à la jeter. Mais sur qui ?

Grace PALEY

To die, to sleep ; to sleep : perchance to dream...

William SHAKESPEARE

Pantalonnade. J'essaye un pantalon. Je déteste ça, mais j'ai pu constater que le résultat est rarement satisfaisant quand on achète des pantalons sans les essayer. Le marchand de pantalons arbore en frontispice un embonpoint conséquent.

— Dites donc, fait-il, en se passant la main sur le ventre à la façon d'un couperet, vous êtes drôlement mince, vous. Pourtant, nous devons avoir à peu près le même âge.

— À peu près, dis-je.

Bien qu'il ne soit permis de comparer que des choses semblables, en principe. Or les âges sont tous différents. Ce n'est pas parce qu'ils auraient débuté au même moment qu'ils ne le sont pas. Voyez les gens qui « ne font pas leur âge ». Et ceux qui vieillissent de dix ans en une semaine à la suite d'un drame familial ou de la chute des cours de la Bourse. Et ceux qui ont choisi de brûler leur vie par les deux bouts alors que d'autres préfèrent se tuer lentement.

Voyez Rimbaud. Tandis que Verlaine, ce pochetron, finit dans la misère, lamentablement, nous dit Phil Sollers avec son inénarrable sens du comique, Rimbaud trafique l'ivoire et les hommes, « en pleine poésie concrète ». On ne m'ôtera pas de l'idée que Rimbaud, bien que prétendument moins âgé, était plus vieux que Verlaine et que Sollers.

Mais le marchand de pantalons continue.

— Sport, régime, gymnastique ?

— Jamais de la vie ! Vous voulez vraiment savoir ?

Eh bien voilà, dis-je : j'ai mangé mon estomac.

I

Il y a des gens qui ont le désespoir modeste, on dirait à peine un désespoir ; ils le promènent tous les soirs à heure fixe, comme on sortirait un vieux chien. Il y a des désespoirs qui sont comme de vieux chiens fatigués, arthritiques, hésitant au pied des réverbères. Pisser ou ne pas pisser.

D'autres portent leur désespoir comme une oriflamme, quand ils ne s'arrachent pas les cheveux ou ne se couvrent pas la tête de cendres (tandis qu'on entendrait, en fond sonore, les lamentations d'un chœur de type tragédie grecque).

Moi, ça dépend des jours.

Héloïse se tenait dans la posture du lotus, sur le petit lit blanc. Elle souriait. Ça ne sentait pas l'hôpital, ni les désinfectants, les pansements, les humeurs des corps en détresse. C'était chez les docteurs de la tête, comme dit Marie. Une atmosphère de compassion souriante. En fait tout le monde souriait plus ou moins, dans les couloirs.

Il y avait pourtant chez les gens qu'on apercevait par les portes entrouvertes des chambres de la tristesse au fond des regards, un petit air de revenir de loin. Je revenais de loin aussi, me semblait-il. Héloïse revenait d'encore plus loin, pas tout à fait du même côté des choses. Cinq jours dans le coma. Électroencéphalogramme plat. Le cœur pris dans les glaces et la probabilité du néant…

Je lui avais beaucoup parlé pendant ces jours d'incompréhensible absence. Elle devait soutenir plus tard que c'est elle qui me parlait. Et qu'elle ne comprenait pas pourquoi je ne l'entendais pas.

Trois jours après son réveil, elle a pensé à demander si je ne lui en voulais pas. Je n'avais pas pensé une seule seconde à lui en vouloir. Pas le temps, pas l'espace. Nous avions été dans un monde à part. Elle, sans aucun doute – il s'agissait bien d'un monde puisqu'elle en était revenue. Mais nous aussi, autour d'elle. L'espace habituel s'était métamorphosé en antichambre. Quelque chose dans le genre du labyrinthe du Minotaure ou de la Divine Comédie de Dante. *Lasciate ogni speranza voi ch'entrate.*

La découverte du Vide. On vous dira que le vide, ce n'est rien justement, ce ne serait pas la peine d'en parler. Et pourtant. Dans certaines circonstances, le vide en chacun de nous prend des proportions vertigineuses. Nous sommes un puits. Ordinairement, nous vivons à la margelle de nous-mêmes.

Le monde s'est rhabillé, peu à peu. S'est légèrement remaquillé.

Nous sommes le puits et nous sommes le monde.

Au bout d'une semaine, j'ai demandé au chef de service de l'hôpital la permission de l'emmener dîner, en taxi. Je la ramènerais avant minuit. Il n'a pas eu l'air de trouver ça trop extravagant.

On m'avait recommandé un petit restaurant avec terrasse intérieure, près de l'ancienne Bibliothèque nationale. Cher, snob, ouaté. Exactement ce qu'il nous fallait. Un pot-au-feu trois étoiles. Je ne me souviens plus du nom du restaurant, mais ça n'a pas d'importance, ce doit être maintenant un italien ou un japonais, un chinois ou un turkmène, un ouzbek de Samarkand. Le monde d'aujourd'hui se mange à toutes les sauces. Quand il se mange. Et qu'il a de quoi manger.

C'était quoi, la magie de ce soir-là ? L'impression d'accéder à la « substantifique moelle » ? Au coulis primordial, au sommet de la gastronomie universelle, un mélange inimitable de joie, de tristesse et de mystère ?

Y aurait-il un mot pour dire le manque de mots ? Parlons-nous, écrivons-nous pour autre chose que pour laisser entendre le silence entre les mots ?

Dans quel désespoir ne serions-nous pas si l'on nous libérait des soucis d'intendance, des innombrables problèmes techniques, des choses, des autres, des prévisions météorologiques, sans compter des mots usés ?

Et comme rien ne nous appartient, encore nous reste-t-il à remercier.

Par précaution : *Je dis à toutes gens mercis,* comme François Villon.

Mais *pourquoi donc y a-t-il quelque chose plutôt que rien* ?

Notez que l'espoir ou le bonheur, c'est pareil au désespoir, timide ou emphatique. Un petit air à trois sous ou le grand opéra.

Il y aurait peut-être un mot pour dire le vide, la miraculeuse émulsion de tristesse et de joie, l'espérance inaltérable et le vertige absolu, la nostalgie du passé et du futur. Mélancolie. Mais c'est un mot qui tue.

Je savais bien que la mélancolie était une maladie. Je n'y croyais pas vraiment. Un si joli mot. Une quintessence de fleur. Nerval pourtant – dont le luth en arborait « le soleil noir » – en était mort. Comme tant d'autres sans doute, sur le berceau desquels aucune muse ne s'était penchée.

Les spécialistes ont diagnostiqué : « dépression grave, niveau mélancolique ».

Mais j'aimerais rester encore un peu dans ce restaurant sans nom, à l'enseigne de la mélancolie universelle, de la faim, de la soif, du désir, avec lucarne donnant par intermittence sur l'au-delà, par temps clair.

J'ai toujours aimé dîner dehors, sous les platanes du sud, à la fraîche, les soirs de fin d'été. C'était dans des cafés avec jardin, des « buvettes » avec jeux de boules, des guinguettes, des caboulots plus gastronomiques que bien des restaurants chic. Des espaces libres. Je ne pourrais plus dire aujourd'hui si la campagne d'alors était vraiment luxueuse ou si c'était seulement ma jeunesse. Mais que savons-nous du temps ? Qu'il passe, qu'on ne le voit pas passer, que *nous* passons. Toute découverte laisse entrevoir des abîmes. On comprend que nos gouvernements n'encouragent pas la Recherche fondamentale. Sans doute l'humanité, dans l'ensemble, préférerait-elle rester dans l'ignorance, et même dans l'ignorance de l'ignorance, comme on s'installe au coin du feu ou la tête sous l'oreiller. Merci de me réveiller dès que ça ira mieux, sinon, laissez-moi dormir. (« Mourir, dormir, rêver peut-être... »)

Héloïse n'avait pas pensé mourir. Elle avait seulement ressenti le besoin d'un grand nettoyage...

« D'une explosion », ajouta-t-elle. Elle était heureuse, finalement. « Contente d'être là ». Mais elle avait le sentiment d'avoir fait un bien grand voyage, bien étrange – sans rien pour le raconter, ni guide, ni carte d'état-major, encore moins de cartes postales. Sans témoin.

Il n'avait pas été facile de trouver un taxi. On était fin décembre, sous un ciel nocturne gris orangé. Les gens se réservaient pour « les fêtes ». Il neigeait. Paris n'est pas fait pour la neige. Elle ne tient pas la saison comme au Québec et dans le Jura. Elle tourne vite à la gadoue. Pourtant je me souviens d'avoir froissé sous mes pas, un matin très tôt, place Royale, une poudreuse immaculée. Parfois, comme si on se réveillait soudain d'un rêve de routine, le monde nous paraît *nouveau*. Quasiment enchanté.

En marchant en quête d'un automédon hivernal, on est tombés sur une boutique de laines péruviennes encore ouverte. On aurait pu acheter des bonnets à oreilles, des châles, des ponchos multicolores. On s'est décidés pour une paire de chaussettes à semelles de cuir, décorées de lamas tricotés comme des assemblages de petits cubes. C'était bon pour l'hôpital. Avoir les pieds au chaud, c'est important, même chez les docteurs de la tête.

On a choisi un bon millésime de grand cru, histoire de prendre date.

Les soirs de fin d'été. De saucissons, de fromages de chèvre du jour en faisselles, d'omelettes aux champignons des bois et de piquette – juste une goutte, pour teinter la limonade. J'avais huit, dix, douze ans. D'où me vient cette impression de luxe inouï ?

C'était du luxe bon marché. Car le luxe est bon marché. Les limousines, les Porsche Carrera, les palaces, les week-ends à Courchevel, c'est autre chose. Du faux-semblant. Le vrai luxe ne s'achète pas, ne s'exhibe pas. C'est du luxe naturel, à la portée de tous. À condition, naturellement, d'avoir l'esprit de luxe. La plupart des grands financiers, des spéculateurs de grands chemins, sont dépourvus de la moindre étincelle d'esprit de luxe. Ils croient vivre dans le luxe. Ils ne vivent que dans une misère coûteuse. On ne me croira sans doute pas sur parole, mais c'est la vérité.

Les dîners de soirs de fin d'été, comme ce soir-là avec Héloïse, c'était du temps en suspension, du supplément. La vraie vie, c'est toujours en supplément.

Vu d'ici – de mon âge avancé – je dirais : il y a des souvenirs qui résument tout, qui racontent le monde. Les êtres qui étaient présents et se sont absentés depuis. Les choses. Quand ce n'est pas de l'art, ce sont les choses. Mais qui peut dire que les choses ne sont pas de l'art ? que toute chose n'est pas sacrée ? Je ne parle pas des particules prétendues élémentaires, qui nous échappent, qui vivent leur vie ondulatoire ou corpusculaire au cœur de la matière. Je parle des choses usuelles, visibles. Du silex taillé au satellite en passant par le buffet Henri III. Des bibelots. Des coquillages. Des cache-horizon. Des trucs pour se protéger, des remparts de papier ou de verroterie – pour tenir chaud, croit-on, entretenir la mémoire, croit-on –, qu'on finit rapidement par ne plus voir. Et qui finissent par encombrer, sans même qu'on s'en aperçoive. Mais qu'on regarde à nouveau, un jour, comme si on ne les avait jamais vus.

Les gens qui étaient là, ces soirs de fin d'été, ce ne sont plus exactement des gens. N'ayons pas peur des mots, disons : ce sont des âmes. Des effluves. Une brume insaisissable, qui se dissipe au moindre courant d'air, à la moindre distraction, mais qui revient, persiste, flotte légère au-dessus des champs, dans les rues des villes. Dans nos têtes, peut-être. Des fantômes qui s'évanouissent et dont nous sommes faits, pourtant. C'est dire que sans cesse nous nous échappons, nous retrouvons, nous reperdons, avant de passer fantômes à notre tour.

Restent les souvenirs des soirs de fin d'été, qui ne sont pas à proprement parler des souvenirs.

Des filaments de nuages, plutôt. Très beaux, très fins, comme certaines peintures chinoises.

Appelons-les « soirs de fin d'été ». Même si c'était en hiver, parfois, au printemps, ou déjà en automne. Appelons-les « mélancolie ».

Il y a des moments, des circonstances, des exceptions sans doute, où le vin se transforme en nectar miraculeux, où le « plat du jour » pourrait figurer au menu d'un banquet de l'Olympe. Il n'est pas impossible – de vieux sages en étaient persuadés – que nos propres dispositions d'esprit nous permettent parfois de connaître le miracle au cœur du vin. Et le reste du temps de le boire sans y penser.

Les soirs de fin d'été, en ce temps-là, c'était généralement Grand-mère qui réglait la note. Modeste, au demeurant. La vie n'était pas aussi chère qu'aujourd'hui. Encore que nous n'apprécions peut-être la cherté de la vie qu'en fonction de notre état d'esprit. Grand-mère avait sa « pension » et l'État lui versait chaque année un pécule que lui valait la mort d'un de ses fils, en 1945, quelque part dans la Forêt-Noire. Elle convertissait tout ça en cadeaux. On ne spéculait pas, dans la famille, ou alors seulement en matière de philosophie bon enfant.

Rien n'est plus difficile que de décrire un dîner de fin d'été. Cela prendrait tout de suite des airs de menu à tant, entrée plus plat ou plat plus dessert, d'une liste de convives, d'un plan de table.

Les gens étaient comme ceci ou comme cela. Avec des visages, des trognes, des attitudes, des sympathies et des antipathies. Des vertus, des vices, des talents, des étonnements, des perfidies aussi.

Je crois bien que j'aspirais déjà à la paix. Bien avant l'avènement de l'espèce humaine, les atomes organisaient entre eux de formidables collisions, les bactéries déjà étaient impitoyables – il n'y eut jamais un seul jour sans guerre.

La paix des soupers à la lune.

Une sorte de douceur, même sur fond de légère inquiétude et de mélancolie, comme si la Terre avait cessé de tourner ou s'était du moins considérablement ralentie. (Cette année, m'a dit Simone S.-B., je vous souhaite d'arrêter le temps.)

L'esprit est du jour, l'âme de la nuit.

La paix des soupers à la lune.

Une tomme en salade, des pommes de terre à la vapeur, une caillette rôtie dans sa crépine, un verre de saint-joseph. La moitié des Nord-Occidentaux ne comprendront jamais rien à la gastronomie : ils ne savent pas s'asseoir. Enfin, tout peuple ne vaut que par ses exceptions. Comme chacun de nous ne vaut que par l'exceptionnel qui couve en lui.

Mais l'âme est de la nuit, certainement. À la fin de l'été, le soleil reprend ses distances. La nuit, c'est le fond de l'univers, la lumière est exceptionnelle.

Il n'y a qu'à regarder le ciel, au beau milieu de l'été, traversé de part en part par la Voie lactée, l'anneau visible de notre galaxie en spirale, peuplée de milliards de soleils. Que voit-on ? la nuit. Les étoiles nous aident seulement à voir la nuit. Entre les galaxies, la matière est noire.

L'Homme est gris.

Dans l'après-midi, après un déjeuner entre amis, Héloïse avait déclaré qu'elle devait rejoindre son laboratoire pour s'assurer de la bonne marche d'une expérience en cours. Elle appellerait.

Je me suis allongé pour lire et je me suis endormi.

Quand le téléphone a sonné, il était dix-neuf heures.

Une étudiante en thèse de biologie venait de découvrir Héloïse allongée au pied de son bureau, inconsciente. Elle ne respirait plus.

J'ai sauté d'un sommeil sans aspérité dans une autre dimension. À la vitesse de la lumière. Après, plus tard, quand je me suis trouvé *anéanti*, je n'ai pas bien compris comment j'avais pu franchir aussi facilement tous les obstacles. Chaussures, escaliers, taxi, gardiens de l'université, services de sécurité. Je suis arrivé au pied du bâtiment en même temps que les pompiers. Seulement ils couraient plus vite que moi. Une porte sécurisée s'est refermée derrière eux et je me suis retrouvé piégé dans un hall immense. Téléphone. Paradoxalement, je n'avais jamais été aussi perdu, en proie au plus effroyable vertige, et, simultanément, jamais autant présent à la réalité. Efficace.

Héloïse était allongée sur le sol douteux, torse nu ; ses vêtements avaient été découpés et on était en train de l'intuber.

L'équipe du SAMU est arrivée quelques minutes plus tard. L'un des deux médecins était une jeune femme sans aménité. Je m'étais agenouillé et je tenais les pieds d'Héloïse. Elle m'a fait signe de dégager. Pratiquement plus de pouls, hypothermie, tension insignifiante, absence de réflexe des pupilles à la lumière. « Elle s'en va », a dit quelqu'un. Un autre a parlé d'intoxication. « Elle a pris quoi ? » Ils se sont mis à chercher des produits. J'ai dit que non, ce n'était pas possible, ce ne pouvait pas être ça.

« On l'enlève, a dit le médecin plus âgé, il faut lui trouver une place en Réa. » Brancard, couverture « de survie ». J'ai cherché les mots : « Pronostic vital ? » Je n'aurais pas pu demander : « Elle va mourir ? ». Il a haussé les épaules en signe d'ignorance.

J'étais qui ? Son mari.

J'ai suivi les brancardiers dans les escaliers, quatre étages, mais on ne m'a pas permis de monter dans le fourgon du SAMU. Où l'emmenaient-ils ? Ils ne savaient pas encore. Le médecin plus âgé téléphonait à tous les services de réanimation de Paris. Il s'est passé peut-être cinq minutes, peut-être un siècle, avant qu'il s'écrie : « À N. ! » Le fourgon a démarré.

Nous étions à quelques mètres d'une sortie. Le gardien n'avait pas la clé du portail. Il a pu m'ouvrir une petite porte adjacente, mais l'ambulance a dû faire trois-cents mètres en marche arrière dans le labyrinthe étroit du campus.

J'étais encore un peu à la vitesse de la lumière. J'ai perdu de vue l'étudiante. J'ai trouvé tout de suite un taxi : « Le plus vite possible à l'hôpital N., je ne sais même pas où c'est ».

Le chauffeur africain, impeccable, a tenu à entrer dans l'enceinte et à tourner jusqu'à ce qu'on ait repéré le service. Au même moment, Laure, l'amie appelée du taxi, est arrivée, puis l'étudiante avec le sac et le manteau d'Héloïse. On a découvert le bon étage, mais pas la bonne entrée. Il a fallu redescendre et remonter par un autre ascenseur.

Héloïse était déjà branchée sur tout un tas de machines et d'écrans. Électroencéphalogramme plat, coma profond.

Le médecin de garde a déclaré qu'il ne fallait pas désespérer. On voyait couramment des gens se réveiller sans séquelles d'un coma profond, alors que des tas d'autres portaient toute leur vie des séquelles, voire des stigmates, d'on ne sait quoi, sans être jamais tombés dans le coma.

Il y avait une petite salle d'attente dans le service, avec une grosse pile de serviettes en papier, vert pâle, sur une table basse, pour éponger les pleurs des familles. La lumière a perdu sa vitesse, elle est même passée au point mort. Il devait être près de minuit, maintenant. Une fois épuisée la pile de serviettes, le vertige et l'angoisse se sont légèrement apaisés. Dans sa grande mansuétude, la vie vous fait, dans les pires situations, don de la fatigue. Puissant sédatif.

Un ami psychiatre est venu s'entretenir avec les responsables du service. On m'a laissé seul un moment avec Héloïse.

Puis l'ami nous a emmenés dans sa voiture de collection dont une vitre ne fermait pas complètement. Il faisait moins cinq. Dans le dernier bistrot ouvert de Saint-Germain, « qui ne servait plus à manger », on a pu négocier un bol de soupe. Rue Bonaparte. Tout ça avait un air fâcheux de Bérézina.

II

Si on en croyait Héloïse, le temps de son coma avait été très occupé. Au cœur de ce service de *réanimation*, la vie n'était pas plus paisible qu'ailleurs. C'était un lieu de passage, en même temps qu'une salle d'*attente*. Fréquences d'ondes irrégulières, contrôles sonores, bips d'alerte, roulements de chariots ou de brancards, éclats de voix... Des gens étaient venus livrer de nouveaux ordinateurs, on refaisait toute l'informatique ou quelque chose comme ça. Un aide-soignant – qui préférait s'occuper d'elle plutôt que du patient de la chambre d'à côté – avait été réprimandé, par ses collègues ou par les médecins...

Héloïse ne voulait surtout pas déranger. Son principal souci, pendant ces jours et ces nuits, c'était justement la chambre voisine, dont la porte demeurait ouverte et qui était l'objet d'un ballet continu de personnels.

Une odeur nauséabonde s'en échappait.

Et *il en sortait des mouches*...

J'étais là, dans ma gabardine gris-beige, mais insuffisamment présent, semble-t-il. Mon comportement contrariait Héloïse. Je ne la voyais pas, je ne l'entendais pas, alors qu'elle avait des tas de choses à me dire. Je me trompais de chambre. J'entrais dans la chambre des mouches !

Elle avait eu parfaitement conscience de passer cinq jours et cinq nuits dans cet état (alors qu'à son réveil, elle ne se rappellerait pas en quelle année nous étions). La première nuit, elle avait été branchée en compagnie d'autres personnes, dans des lits installés en étoile. Mais au contraire d'elle les autres n'étaient que des ombres grises. *Des ombres au contour indéterminé.*

Enfin, Héloïse avait également profité de ce temps de vacance pour relire un livre qu'elle avait beaucoup aimé, des années plus tôt. Sans imprimé, sans numérique, avec son seul encéphale prétendu « plat ». Comme si elle l'avait su par cœur, sans s'en douter. L'histoire d'un type qui prétendait qu'il fallait danser sa vie, mais qui avait quelques difficultés avec la chorégraphie et désirait ardemment en parler au Directeur, s'il y en avait un. À la fin du roman, le type sortait du coma. Il retrouvait la petite infirmière avec laquelle il avait eu une aventure, avant, peut-être pendant son coma. (Sauf qu'elle n'était pas infirmière.) Et il y avait aussi ce Nietzsche, selon qui beaucoup de chaos était nécessaire pour accoucher d'une étoile qui danse…

Mais les mouches continuaient à s'échapper de la chambre d'à côté.

Des semaines plus tard, il parut nécessaire à Héloïse de confronter ses *souvenirs* à des témoignages autorisés. Le chef du service de réanimation accepta gentiment de la recevoir. Il n'était pas si fréquent que ses anciens patients reviennent le voir – certains d'entre eux ne se trouvaient d'ailleurs plus en situation de pouvoir le faire. Dans la petite salle d'attente avec sa pile de serviettes en cellulose verte, il écouta attentivement.

Malheureusement, il ne pouvait pas grand-chose pour elle. Il n'était pas psychiatre et il ne s'était jamais trouvé dans le coma. Il ne se souvenait d'aucune dispute. Ni d'aucune livraison de nouveaux ordinateurs – et dieu sait pourtant qu'il en réclamait depuis longtemps. Et puis, non, vraiment, avait-il souri, toutes ces mouches n'avaient pas pu sortir de la chambre d'à côté (dont l'occupant ne s'était pas réveillé).

Il comprenait tout à fait les questions que se posait Héloïse, mais il n'avait pas les compétences. Son boulot consistait à tenter de ramener des gens, d'un état dont personne ne savait grand-chose dans un autre dont on ne savait guère plus. Et le voyage de retour n'avait pas toujours lieu. On ne parvenait pas à rappeler toutes les âmes.

Des gens consacrent leur vie à tenter de réduire la part des mystères. C'est bien. Ils réussissent d'un côté. D'un autre, ils mettent au jour de nouveaux mystères. C'est aussi bien. Quoi de plus désespérant, tout compte fait, que les certitudes ? Et quoi de moins prouvé ? En dehors de celle de notre naissance et de celle de notre mort ? L'Incertitude, c'est la Tolérance, et sans doute aussi la part du Rêve. « L'Homme descend du songe », assurait Antoine Blondin.

Accepter de ne pas savoir. En sourire si possible. En faire des chansons, des poèmes, des oratorios, des miserere. Mais aussi des « odes à la joie ». Car chez nous – animaux étranges d'un monde étrange – la joie est au cœur de la tristesse comme la tristesse au cœur de la joie.

Nous vivons la plupart du temps sans y penser. Un jour, on finit par se retourner et on découvre avec le plus grand étonnement qu'on a déroulé sous nos pas un immense tapis d'événements, des plus essentiels aux plus insignifiants. On s'est appuyé sur le monde et sur les autres. Le monde s'est défilé. Beaucoup d'autres se sont déjà défilés aussi. On savait. On ne savait pas. On s'en doutait un peu. On suspectait. On se promettait d'y repenser. À tête reposée. On allait dîner au restaurant.

III

(Trois ans plus tôt)

Les gens n'aiment pas trop que vous soyez malade. Ils sont bien assez malades eux-mêmes – et, s'ils ne le sont pas, ils ne vont pas tarder à l'être. Ils sont également accablés de soucis divers et d'abord du souci des soucis prévisibles.

Dans ce sens, quand la Maladie se déclare, c'est un souci en moins.

Le docteur So est cambodgien. Cet excellent gastro-entérologue retourne chaque année à Phnom Penh ou sur les bords du Tonlé Sap porter à ses compatriotes du matériel médical et chirurgical. Placide, amical, d'un humour légèrement décalé propre à ceux pour qui leur statut social n'est pas, ou plus, une priorité.

So est également très performant sur un court de tennis. Très sérieux quand il mène aux points, il est connu pour se mettre à sourire dès qu'il pense qu'il va perdre la partie. Aussi n'appréciai-je que modérément de le voir sortir les résultats de ma biopsie en souriant comme un bienheureux.

L'Être humain, à l'exemple de l'automobile et de la bicyclette, réclame des contrôles techniques réguliers. À cause d'une valvule, que les gènes associés de mes parents n'étaient pas parvenus à parachever, j'étais sujet depuis ma naissance à des remontées d'acide qui contrariaient mon œsophage, se répandaient parfois en microparticules dans mes bronches, et mon estomac (organe éminemment littéraire) était porté à divers types d'ulcérations. On s'étonnait de mon côté misanthrope : c'était génétique.

Le diagnostic en avait été établi assez tardivement. Depuis, j'absorbais chaque matin une gélule qui soulageait les sensations de brûlures et il était entendu que je devais me soumettre à une exploration interne tous les deux ans. Il s'agissait d'avaler une caméra pour visualiser sur un écran diverses nuances de rose. Je pus ainsi faire la connaissance de mon « diverticule », dont on m'avait signalé l'existence et qui figurait dans les comptes rendus de radiologie. C'était une petite cavité de la paroi stomachique, un peu comme une bulle en creux, rose elle aussi. Il n'y avait pas de quoi se vanter : l'univers regorge de diverticules.

La caméra détectait les irritations, les inflammations, les ulcérations toujours possibles.

Je n'avais jamais pu tout à fait me résoudre à considérer que mon corps m'appartenait en mains propres, si j'ose dire. L'estomac, surtout, que j'avais tendance à sous-estimer. J'étais contrarié d'avoir à le transporter toujours avec moi. Je redoutais qu'il finisse par prendre trop de place dans ma vie. J'avais été alarmé le jour où un radiologue avec qui j'avais rendez-vous avait demandé à sa secrétaire : « L'estomac est arrivé ? »

Mais cet organe ne me causait plus trop de désagréments et – lorsque le moteur de la Rolls ronronne normalement ou que la chaine de vélo ne grince pas, on a tendance à retarder les contrôles – je pris un an de retard.

La difficulté que j'éprouvais à déglutir, qui m'avait incité à consulter, finalement, était due à un bourgeonnement, une petite tumeur au bas de l'œsophage – dont on avait pu espérer qu'elle était bénigne. Elle était un peu maligne. Aussi peu que possible. On m'enlèverait ça par les voies naturelles. Il s'agirait seulement pour moi d'avaler, sous anesthésie, une caméra à peine plus grosse que d'habitude, munie d'un genre de bistouri électronique. Il n'y avait pas d'urgence, mais à quoi bon attendre ? J'allais prendre rendez-vous dans un hôpital de Lyon avec des spécialistes réputés.

Ça ne me gênait pas trop, dans l'idée.

Une chambre d'hôpital n'est pas une idée.

Celle qu'on m'attribua aurait déjà pu être repeinte entre les deux guerres mondiales. Une petite araignée se tenait dans un coin du plafond. Je ne craignais pas les araignées : elle me tiendrait compagnie. Deux jeunes infirmières enjouées m'apportèrent mon dossier. L'air étonné, l'une d'elles s'écria que, vraiment, je ne faisais pas mon âge. Après vérification, il s'avéra que le dossier était celui d'un homonyme plus vieux que moi de vingt-cinq ans.

Au matin, on me désinfecta, on me fit enfiler une camisole en papier, trop courte, on me roula sur un brancard qui, à plusieurs reprises, heurta les murs dans les virages. L'anesthésiste me pria de compter jusqu'à dix. Un, deux, trois, quatre, cinq...

En me réveillant, je découvris une tête, prolongée d'une blouse blanche, penchée sur moi. La tête me dit qu'elle était désolée, qu'elle n'avait rien pu faire. C'était un peu plus grave que prévu. Pas si grave que ça, non, mais pourquoi s'acharner à vouloir passer par les voies naturelles alors qu'on pouvait très bien opérer par l'extérieur après tout ?

La tumeur, plus maligne et plus étendue qu'on ne l'avait cru, avait son origine dans le cardia, l'entrée de l'estomac, dans un repli où elle avait sans doute espéré passer inaperçue.

La tête voulait me garder pour la nuit, mais j'ai pour principe de séjourner le moins possible dans les hôpitaux – et je n'avais pas l'intention de me contenter, pour dîner, d'un plateau-repas cafardogène. J'eus recours à la prière, à la menace, j'allai jusqu'au chantage. (Il était prévu que je partage la chambre d'une infection pulmonaire nosocomiale.) On finit par me laisser partir. Mais tout le monde était fâché. C'était incroyable, qu'un simple fantassin de deuxième classe ait la prétention de décider de son propre sort et de refuser de dormir dans la tranchée.

Héloïse m'emmena dans une auberge ardéchoise dont nous avions l'habitude d'user comme d'une trousse de premiers secours. Sur la terrasse à flanc de colline, la fraîcheur, ainsi qu'une paisible mélancolie, tombait de la treille. On n'attendait rien d'autre que le moment qui s'installait. Les bruits du vallon s'éteignaient peu à peu. C'était un soir de fin d'été.

Je n'ai jamais prétendu « péter la forme ». Je n'ai jamais été porté à tenter de réaliser des exploits, sauf par exception, sous l'effet d'un enthousiasme imprévu – et passager. Une certaine lassitude m'a longtemps accompagné, pour ne pas dire une fatigue. De naissance. La naissance m'a beaucoup fatigué. Non, je ne me souviens pas d'avoir jamais tenu « une forme olympique ». J'ai toujours eu plus ou moins mal quelque part. Je suis d'un naturel dolent dans un monde dolorifère.

« Ça me fait souci », disait Grand-mère, évoquant la possibilité d'un désagrément à venir. Le monde en général et moi-même en particulier me font souci. Sans compter que, régulièrement, devant la mauvaise tournure que prennent la plupart des événements, moi aussi « je suis colère ».

Mais lorsque les choses arrivent, il faut croire que je me suis fait à l'idée qu'elles allaient venir, je les prends plutôt tranquillement. Un cancer ? Pourquoi pas ? Ça arrive à un tas de gens, y compris aux plus optimistes.

Le crozes-hermitage de Mercurol était parfait.

IV

Je sortais d'une clinique spécialisée dans l'endoscopie et le dépassement d'honoraires. Laure était venue me prendre et, après un entretien avec un chirurgien oncologue, nous débarquions en taxi à l'hôpital Curie, où se trouvait Héloïse. On devait lui prélever le lendemain matin une carotte dans le sein gauche, comme on fait pour les forages. Il fallait éliminer un petit groupe de cellules cancéreuses avant qu'elles entreprennent de proliférer.

Le chauffeur du taxi avait cru comprendre que nous avions des soucis de santé. Le cancer, c'était vraiment terrible. On n'entendait plus parler que de ça. D'ailleurs, sa femme en avait un qu'il se mit à nous raconter. Nous étions sa dernière course de la journée. Il allait rejoindre la malade dans un service de radiothérapie.

Nous n'avions pas prévu de tout révéler en détail à Héloïse. Mais les questions entraînent des réponses suscitant de nouvelles questions : nous finîmes par tout lui dire. Il est vrai que je venais de perdre ce qui me restait de sang-froid en constatant que j'avais oublié mon dossier médical dans le taxi. Il fallait retrouver le chauffeur. La maladie, ce n'est pas seulement un problème délicat à soumettre à des spécialistes confirmés, c'est aussi un parcours administratif avec sauts d'obstacles qu'il est préférable de ne pas avoir à reprendre à zéro.

La compagnie de taxis accepta de nous donner le numéro de téléphone de son employé. Laure se chargea de l'appeler. Lysie, la mère d'Héloïse, qui peut se montrer très drôle quand elle n'est pas d'humeur massacrante, lui glissa : « Demandez-lui des nouvelles de sa femme ».

Après l'intermède lyonnais, il avait été convenu qu'on allait, dans le plus confortable des hôpitaux parisiens, me refaire un système digestif en opérant par la voie dite de Lewis (célèbre alpiniste de la chirurgie digestive ?), démarche qui consisterait à m'ouvrir la cage thoracique et à m'écarter les côtes. Plus quelques trous par-ci par-là, pour introduire des caméras, des ciseaux, des drains et je ne sais quoi. Je n'éprouvais aucune sympathie pour ce Lewis. J'avais imaginé que j'allais m'en sortir avec une belle cicatrice abdominale qui ferait fureur sur les plages de La Baule ou de Pampelonne.

Pour établir un bilan définitif de mon état, on m'avait recommandé au « meilleur spécialiste mondial » de l'endoscopie, un type qui pouvait tout voir dans mon estomac, en manipulant ses instruments optiques, aussi bien que s'il se trouvait lui-même à l'intérieur. Il s'était à son tour penché sur moi, à mon réveil, l'air tout à fait naturel, et m'avait tendu une lettre pour le professeur Po dans laquelle, me dit-il, il lui faisait part de ses observations : à savoir qu'il s'agissait d'un cancer *avancé* du cardia et du bas œsophage. Je n'avais pas à m'en faire, on allait s'en occuper.

Ayant pris connaissance de la lettre, le professeur Po, qui avait initialement prévu de m'opérer quinze jours plus tard, m'expliqua simplement qu'il n'était jamais inutile de s'entourer de précautions, en conséquence de quoi il n'envisagerait une intervention qu'après trois mois de chimiothérapie. L'intervention en question consisterait approximativement à m'enlever la moitié de l'œsophage et les deux tiers de l'estomac et à raccorder le reste. Il me fit un petit croquis, pas très bien dessiné mais terriblement expressif.

Sujet au mal de mer, j'avais une double prévention contre la chimiothérapie, mais je ne crus pas devoir discuter, sur le moment.

V

La tribu des Arakawis vit au cœur d'une de ces forêts équatoriales jadis appelées « vierges », dans l'humidité, les moiteurs, le grand silence troué tantôt par les cris d'oiseaux bariolés ou troublé, à peine, par des froissements de végétaux, des grognements de mammifères, des glissements de reptiles. Des papillons géants, ayant renoncé à toute modestie, s'y livrent à l'acrobatie aérienne dans la lumière verte. La Nature – comme il est dans sa nature – est à la fois luxuriante et autophage.

Pacifiques mais jaloux de leur espace vital (une notion égarée au fil des siècles par la technologie), les Arakawis tournent depuis peu leurs sarbacanes et leurs flèches imprégnées de curare contre les forestiers et les prospecteurs de pétrole du Nouveau Monde. On ne saurait les en blâmer.

Les Arakawis prétendent que le siège de l'âme est l'estomac.

On ne se soucie jamais assez de son estomac, ni de son âme. J'aurais dû me souvenir des serviettes chaudes que la mère Saboyat – qui venait assister ma mère les jours de lessive lorsque j'avais cinq ou six ans – m'appliquait sur l'abdomen pour soulager mes crampes digestives. C'était efficace. Aujourd'hui, quand par exceptionnel je suis tenu de paraître à un conseil d'administration, une réunion de rédaction ou un conseil de ministres, j'apporte ma bouillotte.

Pas mal de temps s'était écoulé lorsque le docteur No prit en charge mon premier ulcère. Il m'éclaira sur le préjudice subi par cet organe en forme de gros flageolet que j'avais cru pouvoir négliger, au bénéfice de certaines préoccupations de jeunesse, provisoires du reste. La jeunesse est ingrate : j'avais complètement oublié les serviettes chaudes de la mère Saboyat.

Ayant discerné en moi un individu capable de regarder la vérité en face, le docteur No me déclara qu'un ulcère était tout simplement une espèce de trou qu'on se faisait à l'estomac. En d'autres termes, perturbé que j'étais par divers problèmes, d'inégale importance – une instance de divorce, l'incroyable perversité de certains collègues de bureau et le déplorable état général de l'univers –, mais légitimant une perdurable anxiété, je contrariais pour le moins mon estomac et, plus grave, l'incitais à se digérer lui-même.

C'était *mon* estomac, assurait-il, en conséquence tout cela relevait de ma responsabilité directe. Il m'exhorta à cesser de me digérer.

Je pris donc davantage soin de cet organe délicat et susceptible, qui recueille tout ce que nous ingérons avec plus ou moins de plaisir et d'humeur, tente de le transformer avec plus ou moins de réussite, afin qu'on puisse en tirer des principes nourriciers, tout en assumant la lourde charge d'être – selon les Arakawis – le siège de notre âme.

Je me souvins que *Mens sana in corpore sano* était la devise latine de mon lycée. Une âme saine dans un estomac sain.

Bon an, mal an, je survécus à plusieurs décennies. En me gardant bien d'en faire trop. Je tiens qu'il faut user de tout modérément, y compris de la modération. Et puis la Santé est un mythe. Le sempiternel vœu « Et surtout une bonne santé ! », concluant la traditionnelle litanie du Nouvel An, m'a toujours paru un peu mesquin – dépourvu d'ambition. Tout le monde a d'abord besoin d'amour, d'aventure, de surprise, de déstabilisation, de mystère, voire d'un peu de légitime inquiétude. L'histoire des arts, de la littérature, l'Histoire tout court a été illustrée par des individus qui n'étaient pas forcément en bonne santé. La plupart des grands hommes ont été malades. Léonard de Vinci, Shakespeare,

Montaigne, Thomas d'Aquin lui-même l'ont été sans que cela nuise à l'innovation, à l'académie ou à la scolastique. Il ne semble pas que la santé ait favorisé les arts. Ni les sports, comme l'indique la consommation effrénée que font des athlètes en bonne santé de certains médicaments.

VI

Héloïse surveillait son sein gauche, faisait contrôler le droit par la même occasion et se chargeait du déménagement à Paris pendant que j'entamais mon périple en chimiothérapie.

On m'avait proposé l'hôpital T. La cancérologue, le docteur Bo, était une femme d'une cinquantaine d'années, belle, et plutôt froide, ainsi qu'il en est souvent de la beauté – Baudelaire l'a clairement laissé entendre dans un sonnet. Elle était débordée, car nous étions trop nombreux à faire appel à ses compétences. Le questionnaire d'usage fut rempli prestement. Le docteur Bo m'expliqua rapidement ce qui allait m'advenir. Alopécie, ça voulait dire que je perdrais mes cheveux, mes poils, mes sourcils et ma moustache. L'idée de me séparer de cette dernière me contrariait particulièrement. Je ne l'avais pas quittée depuis quarante ans. Mon âme sans doute était dans mon estomac, mais mon esprit résidait dans ma moustache.

À la fin de l'interrogatoire, madame Bo sortit de la poche de sa blouse un minuscule appareil photo numérique et fit à l'impromptu un cliché de moi en gros plan. Afin que les praticiens ne puissent pas se tromper en m'administrant un traitement de cheval à la place d'un autre traitement de cheval. Elle imprima rapidement la photo qu'elle agrafa aussitôt. J'avais l'air défait, hirsute, l'œil hagard, et c'est ainsi que j'allais figurer en tête de mon dossier tout au long de ce parcours du combattant.

— C'est bien vous, là, sur la photo ?

— Oui, docteur.

Rapidement, cela ne me poserait plus trop de problèmes. Vous aviez l'intention de résister, de rester debout à fixer la ligne bleue de la Guérison, de conserver dignement un statut d'individu à part entière.

Au bout de trois jours de traitement, alité, sous perfusion, pour le moins barbouillé, je conçus que j'avais le droit de me laisser un peu aller.

Certes, j'avais de plus en plus de mal à ingérer des nourritures solides. Même des choses qui m'avaient toujours paru aussi simples que la blanquette de veau à l'ancienne. Un soir, au restaurant, une bouchée étant restée coincée, je tentais en vain de déglutir. Héloïse me tendit un verre d'eau. Au bout d'un moment qui me parut presque aussi long que le temps d'attente dans un service d'urgence parisien, l'ensemble finit par dégorger avec un bruit de siphon qui fit se retourner tous les clients.

J'avais demandé à un vieil ami gastro-entérologue qui venait de prendre sa retraite – lassé des problèmes de digestion des autres, il souhaitait pouvoir s'occuper tranquillement des siens – ce qui m'arriverait si je ne faisais rien. C'était simple : j'allais rapidement ne plus pouvoir m'alimenter normalement, tout en continuant à digérer mon estomac... Ça ne me parut pas un bon projet d'avenir. Héloïse partageait cet avis.

J'intégrai donc le « Pavillon des cancéreux ». C'est ainsi que je surnommai bientôt la partie la plus vétuste de l'hôpital T. réservée à la thérapie chimique. Un bâtiment en pierre accoté au mur d'enceinte, en mal de restauration et pauvrement insonorisé. Pour mon premier séjour, on m'offrit une chambre qui communiquait avec une autre chambre par une salle d'eau commune. En se rendant aux toilettes, on donnait un tour de verrou de façon à interdire l'accès à l'autre occupant. Il fallait penser à libérer cet accès après usage. C'est ce qu'oubliait de faire systématiquement ma colocataire – qui semblait souffrir beaucoup plus que moi, mais je ne me sentais pas très bien pour autant. Je sortais donc dans le couloir, encombré de mon portoir à perfusion, passablement nauséeux, et la surveillante de nuit n'était pas contente.

— Monsieur, je vous prie de regagner votre chambre, vous n'avez rien à faire ici.

— Madame, ne pourrait-on pas faire quelque chose pour que ma voisine et moi puissions vomir de concert, je suis sûr que nous nous entendrions très bien ?

Encore que, sur le coup de minuit, puis toutes les deux heures, un ange d'origine antillaise, d'une beauté et d'une douceur miraculeuses, vint me réveiller pour me brancher un nouveau flacon. Je garde le souvenir indélébile des apparitions de cette jeune femme dont je fus éperdument amoureux le temps de me rendormir – et dont je reste persuadé qu'elle fut de son côté follement amoureuse de moi, car il y a des sourires qui ne trompent pas. J'ai espéré son retour lors de chacun de mes séjours, mais je ne l'ai jamais revue.

Dormir devint ma principale ambition. « Mourir, dormir, rêver peut-être... » Au bout de soixante-douze heures au Pavillon, je rentrais chez moi et, après quelques jours sans traitement, je commençais à me sentir mieux. Avec un fond de nausée à peu près acceptable, tout compte fait. On s'habitue. Un temps.

Un soir tard, je ressentis le désir impérieux d'aller prendre un verre quelque part. Je me relevai, m'habillai, gagnai la place Royale où un bar restait ouvert, à cent mètres de la maison de

Victor Hugo. Je commandai un verre de bandol rosé, bien frais. Le bar et la place étaient déserts. Cela ne m'empêcha pas de contempler la nuit et le monde d'un œil bienveillant. Tout m'échappait, je ne savais rien, et pourtant je ne me sentais pas perdu. En fait, bizarrement, je me sentais tout à fait à ma place. *The right man in the right place.* Confortablement installé sur la terrasse dans mon fauteuil en osier, j'apercevais le départ de la rue du Pas-de-la-Mule. Je supposais qu'on l'avait appelée ainsi parce qu'il s'agissait d'un *chemin montant, malaisé*, et que les mules y marquaient le pas, au grand dam des muletiers. Je me souvenais de Gide, dont le directeur des études de la grande école s'était inspiré pour prévenir les étudiants de première année : « Ici, chacun suit sa pente, en la remontant ». Mon dieu, bien sûr.

« Le but suprême du voyageur est d'ignorer où il va », prétendait Lie-tseu. Thoreau précisait que celui qui n'a pas le sentiment de se rendre en Terre Sainte au cours de la moindre de ses promenades n'est qu'un vulgaire traînard.

Le lendemain ou surlendemain, nous visitâmes l'exposition « Trésors engloutis d'Égypte » sous la nouvelle verrière du Grand Palais. Magnifique et glacial. De retour au village Saint-Paul, nous nous réfugiâmes dans une modeste gargote qui annonçait un « arrivage quotidien de moules ». Le patron et la patronne s'engueulant copieusement dans l'étroite cuisine, nous songeâmes à ressortir, mais arrivèrent les frites et les moules marinière dont la préparation ne semblait pas avoir souffert du conflit interpatronal. Après m'avoir longuement regardé avec un sourire mouillé, Héloïse déclara qu'elle n'envisageait pas la vie sans moi.

— C'est comme moi, dis-je, j'ai du mal à envisager la vie sans moi.

VII

À la fin de mon deuxième mois au Pavillon des cancéreux, la vie n'est plus drôle du tout. La nausée ne connaît plus de rémission. Lassitude extrême, aphtes, mycoses, troubles intestinaux, sciatiques, appétit inexistant. Dégoût. La médecine a bien changé depuis le docteur Rabelais. Les effets secondaires du traitement nécessitent d'autres médicaments qui produisent à leur tour d'autres effets secondaires. On se croirait chez Desnos :

Le capitaine Jonathan,
Étant âgé de dix-huit ans,
Capture un jour un pélican
Dans une île d'Extrême-Orient.

Le pélican de Jonathan,
Au matin, pond un œuf tout blanc
Et il en sort un pélican
Lui ressemblant étonnamment.

Et ce deuxième pélican
Pond à son tour un œuf tout blanc
D'où sort, inévitablement,
Un autre qui en fait tout autant...
Cela peut durer pendant très longtemps
Si on ne fait pas d'omelette avant.

Je me décide pour l'omelette.

« Chère Madame Bo et cher Docteur,

Votre secrétaire me fait savoir que vous avez décidé d'avancer notre rendez-vous. Je me faisais une joie de vous revoir, mais je viens de réaliser que le cinquième traitement de chimiothérapie débutait le même jour. Je dois passer un scanner et revoir le professeur Po. Je m'étais assez bien relevé des deux premières cures, conservant une certaine sérénité et un minimum d'appétit. La troisième a eu raison de tout ça. Les nausées persistent et les effets dits secondaires occupent désormais le premier rang de mes préoccupations. (Je vous fais grâce de la liste des dommages collatéraux.) Partant de l'idée que le moral et l'appétit, y compris celui de vivre, pourraient apporter leur contribution à mon rétablissement, je vous serais reconnaissant de bien vouloir reporter le cinquième traitement à la fin du mois.

Je vous prie d'agréer, chère Madame Bo et cher Docteur, l'assurance de mon profond respect et de mon infinie gratitude. »

Une semaine plus tard, ma tentative d'omelette étant restée lettre morte, je récidive.

« Chère Madame et cher Docteur,

Pardonnez-moi de vous importuner à nouveau. Je serai à votre rendez-vous. J'ai conscience d'être embarqué pour un voyage au long cours et que vous faites au mieux pour me faciliter la navigation. Cependant, à la fin de cette quatrième cure, je souffre à nouveau d'une mycose buccale et d'une belle variété de dysfonctionnements. L'opération, lourde et à risque selon le professeur Po (et je lui sais gré de sa franchise), sera suivie d'une nouvelle chimiothérapie. Par ailleurs, compte tenu des perspectives limitées que m'offre cette année, j'aimerais régler quelques affaires. (Mise en vente d'une maison, révision d'un manuscrit...) Et mon épouse, après l'ablation d'un petit carcinome au sein en décembre, subit une séance quotidienne de radiothérapie jusqu'à la fin de janvier. Ne pourrions-nous pas envisager une – très provisoire – remise de peine... De quinze jours.

(Je vous donne ma parole de ne pas chercher à m'enfuir à l'étranger.)

Et je vous prie de croire, chère Madame et cher Docteur, à l'expression de mes sentiments respectueux. »

Au jour dit – je n'ai toujours pas reçu de réponse –, le docteur Bo me reçoit avec une heure de retard indépendant de sa bonne volonté. Je me suis fait aux retards. Il m'arrive de m'assoupir en feuilletant un vieux « Elle ». Le docteur Bo ouvre mon dossier tout en consultant son ordinateur.

— Comment ? Vous n'avez pas confirmé votre entrée pour aujourd'hui ?

— Docteur, je vous ai écrit deux fois à ce sujet.

— Ah, c'est vous ! (Elle retrouve mon courrier.) Votre maison, votre manuscrit... Si vous croyez que c'est le moment de vous occuper de vos affaires perso.

Texto.

— ... (J'ai toujours beaucoup de mal à déglutir.) ... Docteur, je ne doute pas que vous considériez mon cancer comme votre affaire perso et je vous en suis reconnaissant. Cela dit, pouvez-vous m'assurer que j'aurai encore la possibilité de régler mes affaires perso l'année prochaine ?

Elle ne m'écoute plus. Elle appelle sa secrétaire.

— Monique ? Débrouillez-vous pour trouver un lit en chimio pour Monsieur Anatole Berthaud en début de semaine, lundi si possible.

Il n'est pas question que je cesse d'exister tout de suite.

— Je n'irai pas, dis-je à l'adresse d'Héloïse.

VIII

Si l'enfer existe, ce doit être une espèce de salle d'attente. L'hôpital en est l'antichambre. Entrer dans la maladie, c'est mettre un pied dans l'autre monde. L'Attente. À force d'attendre, on ne saurait plus très bien ce qu'on attend, on finirait par ne plus rien attendre. Ou par attendre RIEN.

On avait déjà beaucoup attendu. On s'était fait aussi souvent attendre. Ce n'était pas la même chose. Parfois même on était heureux d'attendre. Si on vous faisait vraiment trop attendre, vous pouviez toujours vous réfugier dans un bistrot ou rentrer chez vous. Vous aviez également la possibilité de téléphoner.

— Qu'est-ce que tu fous, merde ?

Ou mieux :

— J'aimerais connaître la raison de tes deux heures de retard. J'espère qu'il ne t'est rien arrivé de fâcheux. Si par hasard tu avais décidé de me quitter pour ce garçon aperçu avec toi l'autre jour, il serait courtois de m'en avertir.

À l'hôpital, ce n'est pas pareil. Dès que vous avez franchi le Rubicon, le sas des admissions, vous changez de statut. Vous êtes « en attente ». Un *patient*. Un individu en souffrance, étymologiquement, et invité à prendre son mal en patience. La minute d'hôpital est une unité de temps variable qui peut aller d'un quart d'heure à plusieurs heures.

Le médecin de garde doit venir vous voir dans une demi-heure : il ne passera, en coup de vent, que demain matin, et d'ailleurs ce ne sera pas le même. On vous change ce pansement « dans cinq minutes », c'est-à-dire dans une heure ou deux. Votre flacon de chimie est vide. C'est l'avant-dernier de ce séjour. Si on ne le remplace pas tout de suite, au lieu de quitter l'hôpital à dix-sept heures, vous ferez deux heures supplémentaires. Tout le monde est débordé, bien sûr. Vous aussi. Mais par autre chose. Par vous-même. Dans l'expectative d'une guérison aléatoire. Ne vous plaignez pas.

— Vous n'êtes pas bien, là, au chaud ? Dehors, il gèle !

Je sais parfaitement qu'il gèle dehors, j'ai dû me rendre en radiologie ce matin. Le service et certains blocs opératoires sont situés dans les sous-sols d'un autre bâtiment. Il faut traverser la cour, prendre un ascenseur puis enfiler plusieurs centaines de mètres de souterrains non chauffés.

Naturellement, vous ne pouvez pas y aller tout seul. Bien que vous soyez tout à fait capable de marcher, même avec votre porte-containers. On vous installe dans un fauteuil roulant et vous devez attendre le voiturier. Il sera là dans une demi-heure, ou dans une heure ou deux. Il arrachera une couverture de votre lit pour vous en couvrir les épaules. En voyage ! Il vous abandonnera ensuite dans une salle d'attente bondée. Dans le meilleur des cas, vous serez radiographié dans une heure. Puis il vous faudra patienter jusqu'au retour du voiturier. Ça peut durer très longtemps.

La semaine précédente, une infirmière finit par m'apercevoir :

— Vous êtes encore là, vous ? Ça fait un moment…

— Deux heures, marmonné-je.

Elle téléphone.

— Il faut remonter un patient oublié en radiographie. (Se tournant vers moi :) Désolée, il n'y a personne de libre dans l'immédiat, mais ça va venir.

Je ne suis pas sûr que tous les voituriers soient occupés. Il y a un petit renfoncement au milieu du souterrain où j'ai souvent aperçu quatre ou cinq d'entre eux en train de fumer ou de siroter une canette de bière. Je ne saurais leur donner tort. Je ferais la même chose à leur place. Ils sont mal payés. Et puis s'occuper à longueur de journée de tous ces types déglingués, ça vous sape le moral. Ces malades qui ne savent même pas se tenir dans un fauteuil quand on les roule un peu vite. (Moi, je ne suis tombé qu'une seule fois.)

J'irais bien fumer un petit cigare avec eux.

Je me lève. Je prends ma couverture et mon porte-containers et je quitte la salle. On se met à glapir derrière moi. L'infirmière, au pas de course :

— Qu'est-ce que vous faites ? Ça ne va pas, non ?

— Ben, je remonte... Vous comprenez, c'est la troisième heure d'attente qui est la plus dure.

— Retournez vous asseoir tout de suite ! Regardez, le sang a reflué dans vos cathéters. Si vous croyez qu'on a le temps de s'occuper de vos bêtises.

Mes bêtises.

— Madame ?

— Oui ?

— ... Vous allez bien ?

— Oui, moi, ça va !

— Vous en êtes sûre ?... Parce que vous savez, la maladie développe les facultés sensitives... Et je crois percevoir que vous n'allez pas très bien...

Elle sort brusquement en claquant la porte, non sans avoir au préalable tenté de m'assassiner d'un œil noir.

Le voiturier se pointe, tranquille, voire enjoué. Familier avec ça :

— Allez, mon vieux, au lit !

Dans le souterrain, je me retourne vers lui en tirant sur mes cervicales.

— Vous savez quoi ? On pourrait s'arrêter un instant dans votre réduit, vous m'offririez une cigarette...

— Ouais, et puis je me ferais virer.

— On pourrait simuler une crevaison.

— Pas question.

Je hais les voituriers.

La première fois qu'on m'avait véhiculé dans les sous-sols, c'était pour m'implanter une chambre à cathéter au-dessous de la clavicule, sous anesthésie locale. J'avais attendu dans ma chambre, puis dans le hall, enfin sur la table d'opération. Le plus long, ce fut sur la table. La chirurgienne arriva beaucoup plus tard. Elle avait déjà son masque et ses gants. On ne voyait que ses yeux. Mais quels yeux ! *Ni gris ni verts*, comme dans la chanson. Un regard magnifique et qui semblait vous passer au scanner. Je ne sus si elle avait un accent car elle ne prononça pas un mot. Je supposai qu'un regard aussi exotique devait être russe ou polonais.

En refaisant le pansement, l'infirmier de service émit un sifflement.

— Travail d'orfèvre, fit-il.

Tout compte fait, le Pavillon des cancéreux n'était pas si inconfortable. On s'en rendait compte quand on devait le quitter. Seulement, on aurait aimé rester seul un moment. Sans rien à attendre. Ni personne.

Seul. On dit que Mozart s'est tourné contre le mur pour mourir. Grand-père a fait pareillement. Grand-mère ne le lâchait pas. Il y a un moment où les ça-va-aller-mieux-tu-vas-voir et les tu-sais-que-je-te-trouve-bonne-mine tournent à l'overdose. Est-ce qu'on ne pourrait pas mourir en paix, cinq minutes ?

Le soir où Héloïse a fait le mur du Pavillon pour me retrouver dans ma chambre après vingt et une heures, je me suis senti terriblement malheureux. C'était méritoire d'avoir bravé le corps de garde et joué les filles de l'air pour me rejoindre en prison. Mais j'ai dû lui avouer que je me sentais encore plus mal en sa présence. Que même la musique dans les écouteurs, Mozart, Schubert ou Led Zeppelin, ça vous donnait mal au cœur. D'avoir à regarder, aussi. On aurait aimé ne plus rien voir. Surtout pas au fond de soi. Enfin, d'ici quelques jours, ça irait mieux. On recommencerait à se parler à soi-même. À se dire des choses.

Tout ce que vous pouvez trouver de plus étrange et loufoque au cours d'une existence ne l'est jamais autant que l'existence elle-même.

Possédant quelques éléments sur le mode opératoire, on sait à peu près comment on entre dans la vie, mais on ignore absolument pourquoi. Ensuite, on ne sait pas trop comment s'en sortir. Certains recommandent l'Illumination. Vous avez une chance de trouver la bonne porte de sortie, dit le maître zen, quand vous êtes parvenu au fin fond de l'impasse et que tous vos ennemis sont en train d'arriver. J'ai déjà testé pas mal d'impasses. D'autre part, on ne peut guère compter sur ses ennemis pour être à l'heure. Certains feraient exprès de traîner.

Pour prévenir l'alopécie – j'avais déjà récolté quelques cheveux épars sur l'oreiller –, j'étais allé chez le coiffeur. Pour une coupe au plus court. L'homme de l'art m'assura que ça m'allait très bien, que ça me rajeunissait.

— Et vous paraissez plus gentil, comme ça.

Ma barbe ne poussait plus. Je n'avais plus l'air très convaincant quand je fronçais les sourcils. Mes cils s'étaient envolés. Je m'étais renseigné auprès d'amis comédiens pour savoir où j'allais pouvoir acheter une moustache postiche...

À la Comédie-Française, ils n'acceptaient d'en prêter qu'aux vieux sociétaires. Ou à ceux qui jouaient Cyrano ou le bourgeois gentilhomme. Il était un peu tard pour prendre des cours de théâtre. *Mon royaume pour une moustache !*

Je ne voyais pas comment j'allais pouvoir faire face, sans moustache.

Souvent, on croit savoir. Parfois on sait. Ou bien quelque chose en nous sait. Ça ne se discute pas. Je refusai de valider mon rendez-vous pour la cinquième cure.

Madame Bo était furieuse. Où irait-on si on laissait les malades modifier à leur guise les protocoles de soins ?

En fait – j'avais eu bien raison de refuser de continuer à boire à la bouteille de nausées –, j'allais échapper au troisième mois de chimiothérapie. Le professeur Po, qui venait de recevoir les résultats des derniers contrôles, avait appelé. La tumeur avait cessé de grossir. Le cancer n'était plus en expansion. Ça signifiait qu'il fallait en profiter rapidement et tenter l'Ablation par la voie de Lewis.

En fait de vacances, ce n'était pas exactement ce que j'avais espéré.

Je dus repasser en accéléré tous les examens. Au contraire de ce qu'on espère en quittant l'école, on n'en finit jamais d'être examiné. Encore faut-il attendre les examinateurs. Qui seront un jour, sans aucun doute, examinés à leur tour et devront attendre d'autres examinateurs. Ce jour-là, dans une minuscule salle d'attente jouxtant le bureau des infirmières, installé sur une espèce de fauteuil de dentiste, on venait de m'injecter un produit et je devais rester tranquille pendant une demi-heure, sans bouger. Je n'avais pas même le droit de lire. À côté, une infirmière informait la Surveillante que le Patron l'avait attendue et qu'elle devait savoir qu'il avait horreur d'attendre.

— Il m'attendait ? Encore fallait-il que je le susse ! fit la Surveillante en m'adressant un sourire entendu.

Je pris un air contrit :

— Je suis désolé, mais ce n'est pas correct.

— La plaisanterie vous choque ?

— À l'oreille seulement... Vous auriez dû dire : encore *aurait-il fallu* que je le susse. Ou alors, simplement : encore fallait-il que je le *sache*. Mais c'eût été moins drôle, évidemment...

— Vous êtes professeur ?

— Pas du tout, juste un peu musicien...

IX

Dix-huit personnes, selon les organisateurs de la marche, trois, selon la Préfecture de police, ont manifesté hier de l'arc de triomphe du Carrousel à l'arc de triomphe de l'Étoile contre « la bêtise humaine ». Des heurts avec les forces de l'ordre ont eu lieu en fin d'après-midi lorsqu'un manifestant a tenté d'allumer un cigare.

La première fois que j'ai rencontré Marie B., elle est allée tout de suite à l'essentiel. Son mari avait succombé à un cancer trois ans plus tôt, elle savait que je venais à peine d'échapper au mien. Avec son sourire doux, ironique un peu, elle m'a dit : « Vous êtes-vous demandé ce que vous n'avez pas réussi à avaler dans la vie ? » C'était une bonne question.

Je n'y ai pas répondu tout de suite. (C'est que je n'ai pas réussi à avaler grand-chose.)

La Bêtise, sans doute.

Sur quoi Renan se penchait pour avoir une idée de l'infini.

La bêtise qui ne doute de rien.

S'il y a une maladie plus répandue sur toute la planète que la peste, le choléra, la fièvre jaune, la malaria et le sida réunis, c'est bien la bêtise. On désespère d'en découvrir un jour le vaccin. Par ailleurs, on peut parier qu'elle ne sera jamais interdite. Il n'est pas exclu qu'un de ces jours, un nouveau tyran mondial interdise la parole. (Il sera écouté pendant un certain temps.) Il s'en trouva bien un, en Albanie, pour interdire le port des lunettes de soleil.

Tout finit par se produire et par se reproduire. Tous les murs tomberont. On montera d'autres murs. Les théories criminelles élaborées par des imbéciles ne dureront pas. Elles seront remplacées par de nouvelles théories criminelles élaborées par de nouveaux imbéciles. On y adhérera en masse.

L'humanité est semblable aux bancs de sardines qui changent de direction, à cent-quatre-vingts degrés, « comme un seul homme ». Sans même savoir pourquoi. Après avoir emprunté quelque chemin de liberté, retour aux sentiers battus du puritanisme et de l'intolérance. Les pires leaders sont persuadés qu'ils agissent pour le bonheur de leurs semblables. Ils sont prêts à tuer tout le monde pour le prouver. Leur imagination est sans borne. Ils n'ont que le mot Peuple à la bouche. Ils prétendent savoir qui c'est.

Ce sont les inventeurs des camps de concentration, des goulags, des révolutions culturelles, des camps de rééducation. C'est le plus beau, les camps de rééducation. Presque aussi beau que les chambres de torture.

Non contents de couper des têtes, de gazer, de pendre, de fusiller ou de crucifier, ils se font une barbe avec les poils du pubis de la duchesse de Lamballe, coupent les mains du vieux calligraphe qui se refuse au réalisme révolutionnaire, éviscèrent la femme qui a contracté un mariage mixte. Raccourcissent à la machette les bras du prisonnier d'une ethnie voisine – en rigolant : « Manches courtes ou manches longues ? ».

Horresco referens.

Chez nous aujourd'hui – en attendant des circonstances plus favorables aux grands chambardements –, ils manifestent à la sortie de la messe, avec leurs enfants, et vont jusqu'à faire le coup de poing pour contester la loi autorisant le mariage homosexuel. Je digère mal toutes ces choses. Et, notez, ce n'est pas que je sois un inconditionnel du mariage.

Les journaux ! Imprimés, radiodiffusés, télévisés, numérisés.

— *Monsieur Wilde, ne diriez-vous pas que cet article, publié par une revue à laquelle vous avez collaboré, est immoral ?*

— *C'est bien pire, Monsieur le président : il est mal écrit.*

Ça commence quand, la Bêtise ? Quand on croit vraiment qu'on a raison de croire ce qu'on croit. Et que celui qui pense autrement est un hérétique, un traître, un chien d'infidèle. Un sous-homme. Un moins que rien. L'exterminer est la moindre des choses. Au nom du Peuple élu, de la communauté sacrée des fidèles, de la Race supérieure. De la Seule Explication du Monde Possible – la nôtre.

La bêtise.

On me dira : Et la vôtre ? Ce n'est pas une mauvaise question. Supposant qu'elle doit être reliée par quelque fil à la bêtise universelle, je m'efforce de ne pas trop tirer dessus. Je lui raconte des histoires. Je lui dis des poèmes. *Sois sage, ô ma bêtise, et tiens-toi bien tranquille...* Je ne dis pas que je n'ai jamais été tenté par l'assassinat. « Retenez-moi ou je commets un génocide ! » Ça n'est pas si facile à avaler, non plus, la colère. Je sais : pure bêtise. Il ne fallait pas m'énerver.

Certainement, je n'ai pas assez vomi. J'ai insuffisamment protesté. J'ai gardé trop de choses sur l'estomac. Par naïveté, j'ai trop longtemps cru sur parole les histoires qu'on me servait. On me certifiait que j'étais tenu de tendre à la sainteté. Je n'ai rien contre les saints. Il y en eut de très bien, des pittoresques aussi, des amusants parfois. Des bornés, également. Des allumeurs de bûchers. Mais je n'ai rien contre la sainteté. Seulement les doctrines et les dogmes par lesquels on voulait m'y conduire – définis des siècles ou des millénaires après d'hypothétiques événements censés les avoir inspirés – ont fini par m'apparaître peu fondés, ou tout simplement ineptes. De plus, leurs thuriféraires semblaient incapables de rester fidèles à leurs propres préceptes. « Tu aimeras ton prochain comme toi-même. » *Et cetera.*

Naturellement, il m'arrive d'être de mauvaise foi. C'est un exercice intéressant. Voire – si on le pratique avec un minimum de légèreté – un procédé humoristique efficient. Il en est de même de la mauvaise humeur. D'excellents comédiens, écrivains, politiciens ont fondé de belles carrières sur la mauvaise humeur.

J'ai souvent ruminé, certains petits matins venimeux, après avoir feuilleté les journaux, de me mettre à écrire « Le livre de la haine ». Il faut croire que je ne suis pas assez méchant. Plus ruminant qu'enragé.

Avec ça d'une politesse exquise, d'une courtoisie sans faille.

J'ai avalé pendant des années des tartes aux salsifis. Pourquoi aurais-je embarrassé cette charmante hôtesse en lui avouant que je détestais les salsifis ? Ceux qui adorent les salsifis peuvent-ils vraiment comprendre que d'autres ne les aiment pas ?

J'ai toujours eu horreur des salsifis.

Et des publicités. Mensongères, on finirait par s'y faire. Mais débiles et débilitantes, faites d'emprunts, de plagiats, de détournement de créations en tout genre... À vous faire prendre des bouts de Bach ou de Vivaldi, des airs de chansons anciennes, pour la musique d'un fromage, d'un yaourt ou d'un gel détartrant. Par bonheur, mais par exception, il arrive que les publicitaires commettent une erreur, quasiment une faute professionnelle : ils vous balancent un petit film inventif et drôle. On retiendra la drôlerie, pas le nom du produit.

Que lit-on généralement sur les flancs des autobus ? (Avez-vous songé au sens ineffable que pourrait avoir l'expression « transports en commun » ?) Le *pitch* déprimant d'un film déficient, destiné à drainer des populations en mal d'imagination vers les queues devant les salles de cinéma.

Les queues de cinéma. Ces salles d'attente en plein air où de bavards cinéphiles du dimanche prennent le relais des revues périmées.

Les gens qui se croient seuls au monde. Qui sont persuadés que l'univers a commencé avec eux et disparaîtra avec eux.

Ceux qui se croient prioritaires, quel que soit leur moyen de locomotion – auto, moto, vélo, roller, basket. Spécialement de prétendus militants « écolos » ignorant que la courtoisie est le premier mot de l'écologie.

Ceux qui se faufilent, vite, et sans vous remercier, par la porte que vous avez tenue ouverte pour une vieille dame.

Suis-je bête, souvent, de dire « Pardon », par réflexe, alors que c'est moi qu'on vient de bousculer !

Les fonctionnaires médico-étatiques et autres inquisiteurs hygiéniques qui ont eu l'idée d'ajouter à l'addiction et à la taxation l'angoisse de la représentation de tumeurs cancéreuses sur les paquets de tabac. Ces gens-là sont sûrement aussi angoissés que tout le monde, je n'en doute pas. Comme ils ne fument pas, on le présume, ils doivent faire payer leur propre angoisse à leur conjoint, leurs enfants, leurs subordonnés.

Les apôtres de la Prohibition.

Les puritains suffisants et austères qui veulent diminuer le salaire et augmenter les cotisations sociales de leurs employés fumeurs, déjà mal payés pour fabriquer leur camelote misérable et cancérigène à l'occasion.

Les gens qui se croient supérieurs aux autres et le leur font sentir. Bêtise : si vous prenez les autres pour des cons et qu'ils s'en aperçoivent, c'est qu'ils ne sont pas aussi cons que vous le pensez, et que vous l'êtes peut-être davantage que vous ne le croyez.

Les gens qui *savent*. Les faux sceptiques. Qui vous disent que c'est la vie. Que le monde est ainsi fait. Qui prennent bien soin d'échapper au fisc. Qui se dorent et se redorent la pilule et le reste dans des « paradis fiscaux » – et n'hésiteraient pas à faire du reste du monde un enfer. Qui, de surcroît, manquent singulièrement de classe ou d'informations météorologiques. Parce que élire domicile dans l'île de Saint-Barthélemy (Saint-Barth pour les initiés), passe encore, mais au Luxembourg !

Les couleuvres, j'ai accepté avec complaisance d'en avaler quelques-unes. Il faut dire qu'elles étaient magnifiques. Noir, or, argent. Élégantes en diable. Avec cette façon de se mouvoir d'un point à un autre en ignorant superbement la ligne droite de la géométrie euclidienne.

Les ai-je vraiment digérées ?

Probablement pas, mais j'ai eu tellement de plaisir à les avaler.

Je ne voudrais pas que l'on croie que je me cherche des excuses. Et je ne voudrais contrarier la digestion de personne. Je ne fais que me soulager d'un peu de mauvaise bile. Façon de thérapie. Mais je crois au libre arbitre.

C'est bien moi qui ai dévoré mon estomac.

Dans toute vie, il y a toujours un moment où l'on peut choisir.

Ouvrez des écoles, vous pourrez fermer les prisons, conseillait le bon Victor Hugo. Aujourd'hui, il semblerait que pas mal de jeunes gens à qui les écoles sont ouvertes leur préfèrent la prison.

Et, notez encore, ce n'est pas que je sois un inconditionnel de l'école.

Qui a dit que la culture consiste à désapprendre ce qu'on nous a appris ? J'excelle dans cet exercice postscolaire. Déjà, je ne sais presque plus rien.

Mais je demeure résolument optimiste, n'en doutez pas.

Je veux croire que ça finira par s'arranger. Dans dix-mille ans. Ou dans dix millions d'années. Sinon d'autres espèces finiront peut-être par nous remplacer. Les baleines, les éléphants, s'il en reste. Ou alors les corbeaux, les renards, les moustiques…

Ils ne sont pas plus bêtes que d'autres.

Pas les pigeons, j'espère.

Je hais les pigeons. J'ai dans l'idée d'adopter un couple de faucons pèlerins, grands prédateurs de colombidés.

Le pigeon est sale et mal coiffé. Il ne sait pas se tenir. Lâche, il n'hésite pas à agresser ses camarades malades. Obsédé sexuel, selon Michaux, il vous réveille à six heures au son de ses pauvres rengaines. Roucoulades, comme on en diffuse à la radio, à la télévision, au cinéma et jusque dans les grands magasins. Puis il s'envole, « plus bruyant que des bottes ».

Le pigeon a une si petite cervelle qu'il est forcé de la balancer en marchant, comme s'il picorait le vide en permanence. Il est tellement niais qu'il croit les hommes inoffensifs. Il leur frôle la perruque en faisant des flap-flap. On trouverait dans sa petite tête, paraît-il, une minuscule boussole qui lui aurait permis de jouer les estafettes pendant la bataille de la Marne.

Le pigeon, c'est l'Attila des rebords de fenêtres et de balcons. La mort fécale des monuments publics et des statues équestres.

Le pire est qu'apercevant un pigeon urbain traînant sa misère sur le bord d'un trottoir, claudicant, handicapé, à demi déplumé, je m'en trouve ému. Et ce qui me reste d'estomac en est tout retourné.

X

(La voie de Lewis)

C'est un moment particulier. Un endroit aussi. Comme un sas de sous-marin entre deux chambres étanches. Vous êtes seul. Vous avez pris une douche désinfectante, enfilé des pantoufles, un bonnet en papier et la camisole trop courte que vous ne parvenez pas à attacher dans le dos. Ça ne vous gêne pas plus que ça de montrer vos fesses. Elles sont du genre saturnien, à l'opposé de la fesse « pomme ». Héloïse vous a déclaré un jour que vous aviez des fesses de vieil éléphant. (Mais elle adore les éléphants. Les mâles humains qui exhibent un corps impeccable assorti d'une assurance tous risques n'ont rien compris. Les femmes intelligentes préfèrent les types légèrement estropiés, qui vont un peu de guingois. Ils sont tellement plus émouvants.)

On a rangé vos vêtements dans un placard et collé sur votre trousse de toilette un autocollant à votre nom, assorti d'un code-barres et de votre date de naissance. Vous ne pouvez pas vous empêcher de penser à la prochaine date de votre état civil : c'est peut-être aujourd'hui. Vous êtes entré et on n'a pas pu vous promettre que vous ressortirez.

Vous avez rendu la veille le travail que vous aviez juré de finir, pris quelques dispositions qu'il est convenu d'appeler testamentaires. C'est symbolique, vous n'avez pas grand-chose à léguer.

Vous avez dit au revoir, pas adieu. On vous a assuré que tout se passerait bien. C'est sur le point de se passer.

Vous attendez, bien sûr, et l'attente est un peu plus anxiogène que d'habitude. On vous a proposé de vous asseoir mais vous êtes resté debout. Le brancard à roulettes va arriver. Vous allez pouvoir observer les plafonds tout au long des couloirs menant au bloc opératoire, à la *salle d'op*.

J'avais l'intention de m'endormir en pensant à la Danse du Soleil des Indiens Lakotas et de visualiser le vol d'un aigle planant au-dessus de montagnes enneigées. Mais je devais auparavant rappeler au docteur Do, l'anesthésiste, qu'il faudrait prendre des précautions en m'écartant les dents, à cause d'un bridge déjà endommagé lors de précédentes interventions. Il est d'usage d'intuber le sujet endormi pour lui éviter d'avaler sa langue pendant le voyage.

— Ah, ça, fait le docteur Do, ils vont sûrement le casser…

Mon aigle royal est brusquement stoppé en plein vol. Il décroche comme un Boeing en perdition et tombe en tourbillonnant. Je ne saurai jamais si je suis parvenu à le rattraper. Le grand trou noir m'a avalé.

Ce trou noir demeure encore aujourd'hui au fond de moi comme un vide impossible à combler. On m'a fait violence. Ce n'est pas comme le coma d'Héloïse, si fertile en événements, c'est le noir absolu. Un morceau de néant. Où étais-je pendant tout ce temps ?

Je m'étais demandé, l'intervention devant durer huit heures, si le chirurgien, le professeur Po, prendrait le temps d'aller déjeuner. Je n'ai pas repensé à poser la question.

Douze heures plus tard, quelqu'un me tapote les pieds, dans la pénombre. C'est lui.

— Tout s'est bien passé. Ne parlez pas. Reposez-vous.

« Dormir, rêver peut-être. » Mourir, pas tout de suite apparemment. Je suis en Soins Intensifs. Plein de tuyaux partout, jusque dans les narines pour l'oxygène, et une poire à morphine qui me paraît avoir été réglée sur « économique »…

Le plus dur est qu'on m'oblige à me lever pour m'asseoir dans un fauteuil pendant une heure, deux fois par jour. Pour permettre à mon poumon droit de se défroisser un peu, à mon foie de retrouver une place convenable, à ma rate de se dilater... Pour les côtes, on verra plus tard. Une cicatrice de trente-deux centimètres, assez bien recousue, mais ce n'est tout de même pas de la haute couture. Mes bras, mes jambes, ma colonne vertébrale sont en caoutchouc. Je dois produire un effort considérable pour ne pas glisser du fauteuil à la façon des montres molles de Salvador Dalí.

On m'a donné un jouet, une petite boîte transparente à trois compartiments. Je dois souffler pour tenter de soulever trois petites boules bleues. Les deux premiers jours, j'arrive à peine à en faire décoller une. Je ne me sens pas encore tout à fait réveillé, mais ce n'est pas plus mal, au fond.

Au bout de cinq jours, on m'installe dans ma chambre, une belle chambre moderne avec baie vitrée, au plafond impeccable, dépourvu de la moindre petite araignée. C'est le numéro treize.

Mon premier repas consistera à ingurgiter une bouillie de plâtre pour vérifier à la radiographie qu'il n'y a pas de fuites.

Je passe une semaine en plongée dans un état indifférencié, dans les limbes, sans pouvoir distinguer clairement les effets contradictoires de la fatigue, de la douleur et de la morphine. Puis je refais peu à peu surface. Dans le même temps, douleurs et inconforts divers deviennent plus difficiles à supporter. À l'hôpital, quand on va mieux, on commence par se sentir plus mal.

Je vais accepter quelques visites. Tout le monde – y compris ceux qui avaient pronostiqué que je ne m'en sortirais pas – va s'employer à me trouver « bonne mine ».

Mais je ne m'intéresse encore que relativement aux affaires du monde. C'est peut-être ce qui fait que je n'ai pas trop de mal à avaler les menus menus qu'on me sert.

J'ai une activité onirique intense. Au bout du compte, je me souviendrai davantage de mes rêves que de mes douleurs.

XI

(Un rêve avec André Breton)

On sonne à la porte d'un vieil appartement que j'ai habité enfant. J'ai traîné dans la salle de bains. Je suis seul. J'enfile un pantalon en sautillant le long du couloir. Je regarde par l'œilleton. C'est André Breton. J'entrouvre la porte. Il vient reprendre un de ses livres qu'il a prêté à ma mère. « Montreurs de temps. » J'ignorais que ma mère lisait les Surréalistes. Il s'impose, je finis par le laisser entrer. Étrangement, c'est lui qui apporte le livre qu'il est venu chercher. Ce sont des contradictions qui ne gênent pas dans les rêves, mais ne sont guère admises dans la vie courante. Il se lance dans un discours interminable. Pour tenter de l'interrompre, je prétends avoir lu son livre.

C'est brusquement le soir et la fin de l'année scolaire. Nous nous retrouvons dans une espèce de parc avec de grands arbres et des rosiers qui ressemble à un jardin d'hôpital. Ou de pensionnat.

On rassemble les élèves des petites classes qui doivent partir. Je suis désigné comme accompagnateur. (Par dérision, semble-t-il, parce que cela déclenche des rires parmi les élèves plus âgés.) Breton est toujours là mais il ne dit plus rien. On installe les enfants sur une estrade pour la photo souvenir. Breton pose avec eux à la place du maître. Je ne sais pas où il a dégoté cette blouse blanche. Le photographe a la tête dans son appareil, une grosse boîte posée sur un trépied. Je suis debout au dernier rang, juste derrière André Breton. Avec deux doigts en V, je lui fais furtivement des cornes au sommet de la tête. J'éprouve un sentiment mêlé : je pense amuser mes condisciples, mais je redoute que Breton ne s'en aperçoive.

Au matin, je me souviendrais qu'André Breton, médecin, avait été brancardier pendant la Grande Guerre. Bien que peu porté aux explications d'ordre psychanalytique, je me dirais qu'il s'agissait peut-être de représenter, plutôt que des cornes, le V d'une victoire sur le réalisme…

En tout cas, j'espère qu'ils ne lui ont pas envoyé la photo.

XII

Nul poète, à ma connaissance, n'a chanté le pylore. On peut le déplorer. Si d'un côté certains ne respectent plus rien, d'un autre l'idée s'impose peu à peu que tout est respectable. Lully avait bien composé pour la fistule de Louis XIV un motet qui, fredonné plus tard à Londres par Haydn, aurait inspiré le *God save the King*.

Que ferions-nous s'il n'y avait rien entre l'estomac et l'intestin ? On frémit à cette pensée. Heureusement, il y a le pylore. Son nom vient du mot grec qui désignait le portier. Valvule, mini-caisson de décompression, poste de douane, c'est le pylore qui décide si ça va passer ou non.

Dans l'affaire qui nous occupe et dans laquelle le professeur Po a tenu l'emploi de chef d'orchestre, le pylore a été beaucoup sollicité. On lui a demandé de s'étirer pour faciliter le raccordement de ce qu'il restait d'estomac et d'œsophage. Il en a été un peu contrarié. Devenu susceptible, il s'est ridé. Et se montre enclin aux rétrécissements spasmodiques.

C'est la fameuse sténose du pylore, familière à l'être humain débutant à l'occasion de la crise d'angoisse du huitième mois. L'âge des premiers soucis. Sa vision des choses s'est affinée et il a malheureusement commencé à réfléchir. Prenant conscience que sa mère vient de quitter la pièce où il se trouve, il s'inquiète de savoir si elle va revenir. Le plus souvent, elle revient.

Indépendamment du fait que ma mère s'est définitivement absentée depuis des années, mais non sans rapport avec quelque inquiétude plus générale, sans doute, mon pylore est sténosé à vie. Dans certains cas, il ne laisse plus rien passer. Dans d'autres, plus rarement, il laisse aller sans réclamer le moindre passeport.

Le professeur Po et ses collègues décideraient de tenter de le dérider – de le forcer à sourire –, en lui injectant un produit connu pour rendre leur jeunesse aux visages passés de mode.

Rien n'y ferait. Ce serait à moi de m'y faire.

Je m'en voudrais de clouer mon propre pylore au pilori.

Ne laisse-t-on pas généralement passer beaucoup trop de choses en ce monde ? Et l'Homme, son système digestif compris, n'est-il pas foncièrement extravagant ? Les personnages les plus austères l'ont été. Voyez le cardinal de Richelieu.

Cet homme que l'on croyait d'une rigueur exemplaire, qui n'avait pas hésité à faire exécuter en place de Grève le comte de Montmorency-Bouteville et son cousin Rosmadec des Chapelles pour avoir contrevenu à l'interdiction des duels, qui avait le sens de la tragédie au point d'en commettre lui-même quelques-unes, ne manquait pas d'extravagance. On a raconté qu'il éprouvait régulièrement le besoin de faire plusieurs fois le tour de son bureau en retroussant ses jupes de pourpre cardinalice, hennissant et piaffant.

N'empêche. Je crains qu'il ne me faille raconter ici ce que j'appelle « La remontée du parc Montsouris ».

(Il est conseillé aux estomacs délicats – c'est-à-dire aux âmes sensibles ou, au contraire, excessivement compassionnelles – de passer directement au chapitre suivant.)

Au dix-huitième jour de ma détention hospitalière, c'était un vendredi, je fus surpris de constater que j'aspirais à nouveau à la liberté. Je m'en confessai au professeur Po qui m'accorda l'absolution, mais pas la permission de sortie. Cependant, il me laissa espérer une autorisation de promenade pour le dimanche à midi. Si tout allait bien. Durant toute la journée du samedi, je pris soin d'apparaître aux yeux du personnel soignant dans une forme éblouissante assortie d'une aimable humeur.

J'eus le droit d'aller, accompagné par Héloïse, déjeuner dehors.

L'hiver s'attardait. Il faisait beau et froid quand nous gagnâmes le parc Montsouris. Un seul bistrot était ouvert aux alentours : j'y absorbai, avec précaution, la moitié d'une part de quiche et le quart d'un ballon de bordeaux. Et nous retournâmes marcher, lentement, dans le parc.

Puis ce fut la déroute. Immobilisé au milieu d'une allée parcourue dans les deux sens par les jogueurs du dimanche, jambes serrées, je priai Héloïse de me trouver des toilettes en urgence. Le pylore avait laissé tout passer, les intestins firent de même. Cent mètres me séparaient du bloc sanitaire où je parvins, mortifié, dans un état lamentable.

Enfermé dans une cabine, je me débarrassai de mon slip et de mes chaussettes dans la poubelle, usai trois kilomètres de papier, pendant qu'Héloïse lavait à grande eau, froide, mon pantalon et mes chaussures. Ce fut le moment que choisit un groupe de jeunes filles pour entrer. Cris d'orfraies. Horreur ! Puanteur ! Elles n'avaient pas l'âge de la pitié, mais l'a-t-on jamais ?

Je dus enfiler les pantalons glacés, remettre les chaussures trempées, entreprendre de remonter le long du parc, regagner à pied l'hôpital. Il n'était pas question de prendre un taxi. Ce fut ma Longue Marche, ma traversée du pôle Nord. Frigorifié, à bout de souffle, avançant à petits pas, obligé de faire halte tous les dix mètres, je n'espérais plus pouvoir y arriver.

Je ne puis évoquer « La remontée du parc Montsouris » sans penser avec effroi à l'humiliation de ceux dont les sphincters lâchent sous la torture, ce qui a pour effet de redoubler le mépris et la férocité des bourreaux. Dieu merci, les souffrances que nous évoquons dans ces pages sont relativement confortables pour l'esprit. Elles sont générées par le destin, la génétique, les impondérables et les mystères de l'existence. Elles ne sont pas du fait de l'Homme, de sa cruauté proportionnelle à sa bêtise, parfois, de l'Homme quand il se fait le bourreau de l'Humanité. Et dieu sait qu'alors il engendre un désespoir d'un autre tonneau, de l'infiniment désespérant.

Tout a une fin, dit-on. Derniers mètres. Le hall, l'ascenseur, le couloir. La chambre 13.

Je pourrais presque m'endormir sous la douche.

L'infirmière de garde vient aux nouvelles.

— Nous avons eu un petit souci, fait sobrement Héloïse.

L'autre se contente de sourire :

— C'est fréquent, dit-elle.

Je ne savais pas qu'un jour j'éprouverais autant de plaisir à me glisser dans un lit médical.

XIII

Après une nouvelle série de contrôles, on accepta de me libérer sous condition. J'allais devoir me soumettre à deux mois de traitement, à raison de cinq séances de radiothérapie et deux de chimiothérapie par semaine. J'avais plaidé l'incompatibilité d'humeur avec le docteur Bo. On me proposa en dernier recours le docteur Omega. Et un nouveau pavillon des cancéreux, plus modeste, mais plus *cosy*.

Je ne quittai pas pour autant le royaume de l'Attente. Il me fallut d'abord mériter d'être *admis* par un pervers jouissant de fabuleux pouvoirs – un guichet aux Admissions et le privilège d'attribuer des numéros de dossier – qui m'imposa sans raison de paperassières tracasseries.

Ensuite, le docteur Omega me reçut très aimablement, mais à vingt-deux heures. C'était un garçon d'une bonne humeur constante, porté à plaisanter, voire à bousculer gentiment le patient, peut-être pour éviter d'avoir à subir d'éventuelles jérémiades. Il consultait depuis le début de l'après-midi. Il m'avait donné rendez-vous à dix-huit heures… Quand j'étais arrivé, la salle d'attente était bondée. Il avait fallu aller chercher des chaises supplémentaires dans les couloirs. J'avais pensé qu'il y avait trois ou quatre oncologues en consultation. Mais il était tout seul.

— Bon, conclut-il à vingt-deux heures quinze. On va vous infuser encore un peu de poison, vous bombarder de rayons, je vous verrai tous les quinze jours avec les comptes rendus des contrôles.

Dans le service de radiothérapie, on prit mes mesures de long en large. Puis on me tatoua en bleu des petits points à des endroits stratégiques. Sur les épaules, les bras, la poitrine. Ces points, qui finalement n'ont pas servi, sont toujours visibles.

On me fabriqua un masque, dans une sorte de filet en matière plastique chauffé pour être moulé et s'adapter étroitement à mon visage. À chaque séance on vissait ce masque sur la table de traitement, en même temps qu'on m'attachait les poignets. Il s'agissait de ne pas bouger d'un millimètre pendant deux fois quarante secondes. On sait depuis Einstein que le temps est relatif et qu'il y a des secondes beaucoup plus longues que d'autres. Escrimeur couché, touché une fois pour toutes, je m'efforçais de ne penser à rien d'autre qu'à les compter. Mille-un, mille-deux, mille-trois…

En Chimiothérapie, il s'agissait d'attendre qu'un fauteuil se libère pour trois heures de perfusion. La salle était circulaire. Postées dans un mirador central, les infirmières surveillaient les patients installés dans des fauteuils en osier. On se parlait peu d'un fauteuil à l'autre, occupé qu'on était à lutter contre le mal au cœur qui rendait la lecture impossible, à tenter de penser à autre chose, à s'agacer de la lenteur de l'écoulement du liquide, et quand c'était fini, il fallait encore attendre qu'on vienne vous décrocher, rincer la chambre à cathéter.

Une dame patronnesse en tailleur Chanel passait quelquefois avec un petit chariot. Elle proposait du thé, un jus de fruits, des biscuits et un brin de conversation. Parce que cela fait toujours du bien de parler, assurait-elle. Je n'avais aucune envie de conversation pour les raisons susdites. Quand vint mon tour, je l'exhortai à s'occuper plutôt de patients plus âgés ou plus mal en point. Elle insista. Apprenant que j'étais marié, elle me fit valoir que la maladie engendrait souvent entre époux, l'un malade et l'autre pas, un malaise qu'il pouvait être bénéfique de verbaliser.

— Ce n'est pas notre cas, lui dis-je, ma femme et moi avons eu la chance d'avoir un cancer en même temps.

La dame, un peu ébranlée, marmonna quelque chose et finit par m'abandonner avec un sourire pincé.

Mon voisin de fauteuil, un cancéreux bon vivant au teint rougeaud, m'assura qu'il me comprenait. Il avait faim, mais la parlotte, les biscuits et le thé, très peu pour lui. Voulais-je savoir de quoi il avait envie ? D'une tête de veau sauce gribiche.

— Vous aimez la tête de veau ? demanda-t-il à une infirmière qui s'approchait.

Elle fit la grimace.

Pour ma part, je n'avais rien contre la tête de veau, mais ça ne me semblait pas une priorité, dans l'immédiat.

À la maison, je dormais par quarts d'heure, mais avec plaisir. J'étais condamné à vie à dormir sur le côté droit. Avant, mon côté d'élection était le gauche. On s'habitue. Y a-t-il un bon côté des choses ?

L'infirmier qui refaisait mes pansements était très impressionné par la taille de ma cicatrice. Quand vint le moment de la découdre, il lui sembla que la plaie était mal refermée et, paniqué, il m'expédia en taxi à l'hôpital. Là, l'infirmière préposée au service après-vente, « qui en avait vu d'autres », m'assura qu'il n'y avait pas de quoi s'affoler. Elle disposa tout le long de la cicatrice des petites bandelettes de papier autocollant qui évoquaient des traverses de voie ferrée. Et dont je devais retrouver la plupart, au fil des semaines qui suivirent, collées dans mes chemises.

Au bout de deux mois, le docteur Omega me fit, après seulement deux heures de salle d'attente, un bref bilan de la situation.

— On a ratissé large. Ce qui vous reste d'œsophage et d'estomac est sain. Bon, vous êtes un peu radioactif. Évitez de prendre des bébés sur vos genoux cette année. Ne vous exposez pas au soleil. Évitez les alcools forts, la bière, le cidre et le piment. Et maintenant, cher ami, bon vent ! Je ne veux plus vous voir.

Je lui promis de changer de trottoir s'il devait m'arriver de le rencontrer par hasard dans la rue.

Et je repartis vers ce qui me restait de destin. On allait bientôt me considérer à nouveau comme quelqu'un de normal. C'était satisfaisant, d'un côté. D'un autre côté, j'allais perdre certains privilèges et attentions particulières dont j'avais pu bénéficier. On ne peut pas tout avoir.

J'avais opté pour le voyage en Orient. Réfugié dans le nord de la Thaïlande pendant quelques mois, j'échapperais à Paris, à l'Europe et à la Médecine.

Il me restait juste à vivre, avant de partir, une dernière brève expérience hospitalière.

En week-end à la campagne chez des amis, je me réveillai un matin en pleine crise d'hypoglycémie accompagnée d'une violente douleur aux cervicales. Je ne pouvais plus bouger. Je ne pouvais rien avaler. Inquiets et ne sachant que faire, les amis décidèrent d'appeler les pompiers. Qui me conduisirent à l'hôpital de la ville voisine, dans une vieille camionnette dont les suspensions fatiguées répercutaient en les démultipliant toutes les aspérités de la route. Un pompier demeura à mon chevet tout le long du parcours en m'accablant de questions sur mon âge, ma taille, mon poids, ma situation de famille, il voulait savoir si je savais lire, écrire, nager, il ne savait plus quoi me demander – il paraît qu'il ne faut jamais laisser s'endormir les malades transportés, le sommeil pouvant, dans certains cas, leur être fatal.

J'eus beau exprimer que j'avais surtout besoin d'un antalgique et d'un verre d'eau sucrée citronnée, on me soumit pendant trois heures à divers examens avant de me les donner. Après quoi je fis une sieste. Les examens n'ayant fourni aucune explication et la douleur étant passée, j'exprimai le souhait de retourner chez mes amis. Un interne m'apprit alors que la pneumologue de service voulait me garder en observation pour la nuit. À cause de mon taux d'oxygénation du sang qui lui paraissait très insuffisant. Or, c'était mon meilleur taux depuis des mois. Donc, j'allais sortir.

On m'assura que non. Je proposai de signer toutes les décharges nécessaires mais on s'obstinait.

— Je crois que je vais quand même m'en aller, déclarai-je. Voyez-vous, j'ai fréquenté assidûment les hôpitaux pendant huit mois. Il existe un taux de saturation pour tout. Il me reste à vous remercier pour votre attention.

— Vous ne pouvez pas partir, de toute façon vous n'avez pas vos vêtements !

On crut que ce détail allait m'arrêter. J'arrachai un drap de lit et m'en drapai à la romaine. Puis je quittai la chambre, pieds nus, dans l'état d'esprit d'un Cicéron venant de prononcer un discours décisif devant le Sénat.

On me rendit mes vêtements.

XIV

Morphine, perfusions, drains, sonde urinaire, oxygène. « Dormir, rêver peut-être. »

J'avais refait souvent le même rêve éveillé. Désir profond, phantasme, obsession : je rêvais de pluie. Pas d'une petite ondée : d'une intense pluie d'été, d'une interminable averse d'orage. Un ciel d'eau qui aurait fondu sur moi. Une mousson gigantesque. Une douche universelle. Ça n'existe pas sous nos climats, sauf en cas de tornade dévastatrice.

En attendant, à propos de liquide, j'avais appelé la jeune infirmière de service pour lui faire remarquer que j'étais en train d'uriner dans mon lit. Ce qui signifiait que la sonde fuyait. Et que, par ailleurs, je n'en avais désormais plus vraiment besoin, puisque j'arrivais à pisser à son insu. De plus, d'irritant ce tuyau était devenu douloureux.

Il était dix-huit heures.

— On verra demain, dit-elle.

J'insistai. Comme elle s'en allait sans me répondre, je haussai le ton. Menaçai d'enlever cette sonde moi-même. Elle revint sur ses pas, furieuse.

— Ce n'est pas vous qui commandez !

— Ah ! C'est vous le commandant. Et moi, je ne suis rien, n'est-ce pas ? Seulement je suis encore un peu vivant. J'ai conservé la plupart de mes facultés mentales et je n'ai pas été déchu de mes droits civiques.

Elle battit en retraite.

Héloïse et l'ami psychiatre qui avaient assisté à la scène rigolaient doucement. Ils déclarèrent que c'était bon signe. Que, visiblement, je commençais à aller beaucoup mieux.

L'interne de garde consentit à me retirer la sonde dans la nuit. Il découvrit alors qu'une de mes boutonnières abdominales, ayant servi à je ne sais quelle insertion, s'était rouverte. En l'absence d'anesthésiste, il s'offrait à la recoudre, si je voulais bien, mais ce serait à froid. J'étais d'accord. J'ai toujours eu le souci d'être bien boutonné. Il alla chercher du fil et une grande aiguille recourbée. Ce fut l'occasion de me sentir encore un peu plus vivant...

La jeune infirmière et moi, quand nous nous revîmes le lendemain, fîmes semblant de ne pas nous connaître.

Pourquoi repensai-je à cet épisode, des mois plus tard, dans la montagne thaïlandaise ? Parce qu'à ce moment-là aussi j'espérais la pluie, sans doute. Je passais dix jours tout seul dans une petite maison en tek au cœur de la jungle. Un peu de solitude hors civilisation m'avait paru nécessaire à ma convalescence. À cent mètres en contrebas de la terrasse couverte, un petit chemin de terre cabossé menait à un village karen distant de quelques kilomètres. Plus loin, de l'autre côté, entre deux pans de montagne, on devinait la Birmanie, au-delà de la rivière Moï.

Je disposais d'un stock de riz, de soupes lyophilisées, de lampes à pétrole et d'un minuscule panneau solaire qui me procurait une heure d'électricité quotidienne. Une paysanne en robe multicolore, avec laquelle je ne pus communiquer, m'apporta un soir une espèce de petit poisson-chat, noir, vivant, dans une vieille casserole noircie. Le poisson s'agita toute la nuit dans cinq centimètres d'eau, transformant le récipient en tambour. Je l'abandonnai le lendemain à un chien errant qui aura su l'accommoder mieux que je n'aurais pu le faire.

Je n'avais pas voulu d'un récepteur de radio. Le téléphone ne passait pas. Je faisais peu de bruit. À peine fredonnai-je parfois une de ces chansons qu'un mot, une pensée, ramène du fond de la mémoire. « Est-ce ainsi que les hommes vivent ? Et leurs baisers au loin les suivent. »

Au bout de deux ou trois jours, certains éléments de la faune locale manifestèrent le désir de faire connaissance. Du moins semblèrent-ils curieux de voir de plus près ce drôle d'animal qui – au lieu de passer ses journées en quête de nourriture, comme tout le monde – se consacrait à des activités aussi futiles que la lecture ou l'écriture. Des papillons, des oiseaux. De gros lézards façon iguane, deux ou trois serpents. De petits margouillats aussi, au corps translucide et aux grands yeux noirs, qui marchaient au plafond à l'aide de minuscules ventouses. Il arrivait que l'un d'entre eux, distrait par quelque rêverie, se décroche et chute sur mon livre ou sur ma tête. Les moustiques, eux, s'étaient invités dès la première heure.

Je percevais au volume de leurs cris que les singes s'étaient rapprochés. Une chèvre escalada un jour la terrasse.

Un cul rouge à huppe noire venait se balancer tous les matins sur une branche de kapokier.

À la fin du jour, la jungle changeait peu à peu de vie et de population. Des hululements de rapaces, des bruits non répertoriés, des crissements d'insectes, des cris, qui semblaient des gémissements parfois, ponctuaient la nuit. Nul éclairage urbain, à cinquante kilomètres à la ronde, ne venait troubler un ciel qu'on pouvait croire plus étoilé qu'ailleurs. On adoptait d'autant plus facilement le point de vue de Sirius sur le monde.

Nous étions à la saison sèche. On m'avait affirmé que je n'aurais pas ma pluie. Quelques gouttes d'un nuage égaré, peut-être, si j'étais particulièrement chanceux.

Mais je *croyais* à la pluie.

À l'aube du sixième jour, il me sembla que le temps avait légèrement fraîchi. À l'horizon de la Birmanie, je crus apercevoir quelque brume, un léger voile. Vers neuf heures, la brume s'était épaissie. À dix heures, elle se transforma en mer de nuages au-dessus de la frontière. Puis les nuages s'assombrirent tandis que le vent se levait. Bientôt ils se mirent à remonter la vallée, se déchirèrent aux flancs de la montagne. Et le ciel devint noir au-dessus de la petite maison. Quelques grosses gouttes crépitèrent sur les tuiles de tek... Je retenais ma respiration.

Et vint la pluie. Une pluie comme je n'en avais jamais vu, dont le rideau occultait le reste du monde. Épaisse, ininterrompue. Le ciel noyait la jungle. Je me déshabillai, sortis de la maison et demeurai de longues minutes sous cette pluie de mousson hors saison. Je pleurais. Quand je commençai à avoir froid, je revins sur la terrasse, tirai un matelas, m'enveloppai dans une couverture. Il plut jusqu'aux environs de seize heures et je ne fis rien d'autre que de jouir de cette pluie miraculeuse dont j'avais l'impression qu'elle me lavait de toutes mes misères.

C'était le moment ou jamais de remercier le ciel.

Car, quoique nous soyons volontiers de mauvaise humeur, de mauvaise foi et occupé à quelque entreprise d'autophagie, nous ne sommes pas dispensés de remercier. François Villon lui-même – qui ne nageait pas dans le bonheur – se sentait tenu de le faire.

Soit, ce monde nous dévore, il attend notre disparition, mais il nous fait patienter en nous servant d'innombrables et somptueux présents.

Brumes glacées de novembre dans les cimetières de nos enfances. Fleurs du givre éclipsant les rivières de diamants. Horizons impeccablement dessinés par les soleils d'hiver. Grand opéra des orages, oratorio des aurores.

La fausse innocence des sources et l'impertinence des fleuves. La première matinée de gala du printemps. L'inquiétante, et pourtant douce, tranquillité des mers étales. Les tempêtes épatantes vues du Café du Port. La ronde de nuit des grands rapaces. Les doubles croches du hibou petit duc et de la chevêchette. Le vol nuptial hélicoïdal et synchronisé des piérides du chou. Les noces des rorquals et des grands fonds. La grande patience de la pierre et l'entêtement tranquille des forêts. Le souvenir du mammouth, du tigre à dents de sabre et du loup marsupial.

La troupe d'éléphants qui, après délibération, adopte la vache égarée dans la savane. La lionne non conformiste qui protège une gazelle blessée.

Le carillon de Saint-Germain-l'Auxerrois. Et celui de Saint-Martin de Vendôme.

La fervente tristesse des grandes orgues et des orchestres symphoniques.

L'« obscure clarté » des vitraux.

La matière noire, entre les galaxies, qui rêve de lumière et de feux d'artifice. L'amour, la mélancolie. La nébuleuse du Crabe.

L'allure à peine réelle des jeunes femmes sur leurs longues jambes hypothétiques. L'intelligence exotique des petites filles. L'univers en improbables équations sous les fronts. Et jusqu'à nos esprits, parfois, qui voient clair, qui voient beau, qui s'étonnent d'eux-mêmes.

L'idée de la mort (la mienne, exclusivement) ne m'importune plus que modérément. L'idée, s'entend. Je redoute les grandes migraines, les nausées des traversées souterraines, les remontées du parc Montsouris.

Évidemment, si, après, on pouvait encore assister aux rendez-vous de Vénus et des croissants de lune…

Et souper, peut-être.

La paix des soupers à la lune.

XV

(Cinq ans après)

Cela faisait trois ans qu'Héloïse était sortie de son coma. Il fallait la voir affronter les rouleaux de l'Atlantique. C'était une inconditionnelle des océans. Les mers lui paraissaient trop, ou pas assez, trop de monde et pas assez d'ampleur, au moins sur un plan symbolique. S'élancer dans une eau à treize ou quatorze degrés ne lui faisait pas peur. Je la prenais en photo, de la plage.

Un jour, dans un port où nous attendions un bateau, je lui avais suggéré de me prendre à la pharmacie quelque chose contre le mal de mer. Elle avait carrément refusé.

— Tu ne peux pas demander ça à une fille de marin.

De mon côté, j'étais sorti des statistiques.

Héloïse n'avait plus de raison de penser que la vie était un navire en détresse. En tout cas, le naufrage n'aurait pas lieu tout de suite. On avait de beaux soirs de fin d'été devant nous.

Le professeur Po avait refermé mon dossier.

— Ça fait cinq ans, m'avait-il déclaré. On met fin aux contrôles automatiques. Votre état ne s'améliorera plus, il ne devrait pas non plus s'aggraver. Vous revenez de loin.

Il avait l'air satisfait. Il jeta un dernier coup d'œil à mon scanner.

— Quand je vois le niveau de votre emphysème, je me dis que j'ai été courageux de vous opérer.

— On n'est jamais à l'abri d'un succès, fis-je. (C'était la formule favorite d'un ami graphiste.)

— Vous pouvez récupérer votre dossier ou le laisser aux archives de l'hôpital...

Le dossier en question pesant plusieurs kilos, j'optai pour les archives.

Je m'étais habitué à voir régulièrement le professeur Po. Je l'aimais bien. Il me recevait toujours avec une bonne heure de retard, mais il prenait le temps d'expliquer. J'éprouvais quelque tristesse, ou quelque inquiétude peut-être, à l'idée d'interrompre nos relations.

Mais j'étais sorti des statistiques. Dans mon cas, le taux de survie à cinq ans était évalué entre cinq et vingt pour cent. Maintenant, je pouvais mourir tranquillement de n'importe quoi d'autre. Je n'eus pas le cœur de demander s'il existait des statistiques sur le taux de survie à huit ou dix ans. Je le saurais bien assez tôt. De toute façon, j'étais persuadé depuis longtemps que le principal but de la vie était d'échapper aux statistiques.

Je ne peux pas dire que je pris un nouveau départ, ce n'était pas dans mes habitudes.

Mon existence continua à être rythmée par les caprices de mon pylore ridé, les fantaisies d'une pilosité devenue anarchique et des problèmes de fleur de peau contrariée.

Je devais prendre conscience un peu plus tard, en mer, d'un *avantage collatéral* imprévu. J'avais embarqué sur « L'Atalante », un petit bateau de pêche, avec Marco et Jésus. Marco avait racheté ce rafiot à un marin pêcheur à la retraite ; rétif à toute forme de snobisme, il voulait un bateau qui fasse « teuf-teuf ». Lui et son copain Jésus, on aurait juré de vieux loups de mer. Marco a fait carrière dans le cinéma et Jésus est le dernier charpentier de marine de l'île – on l'appelle Jésus parce qu'il était le meilleur buteur de l'équipe de football. Tous les deux sont exceptionnellement doués pour faire, partout où ils se trouvent, couleur locale. Au Québec, on les prend couramment pour des bûcherons. Dans les stations de sports d'hiver, tout le monde est persuadé qu'ils travaillent sur les pistes et on ne leur fait jamais payer les remonte-pentes.

J'avais d'autant moins l'air d'un loup de mer que se levait une houle d'amplitude moyenne et que je me préparais mentalement à rendre mon déjeuner et à cesser toute activité halieutique. Mais quelque chose n'allait pas. C'est-à-dire que tout continuait à aller bien : je n'avais plus le mal de mer !

(La chimiothérapie – qui vise les cellules à reproduction rapide – avait dû retoucher celles de mon oreille interne.)

Je m'empressai de passer le permis de navigation côtière. C'est pour moi une grande satisfaction de l'avoir en permanence dans mon portefeuille. Naturellement, je n'ai pas de bateau. Mais je suis désormais habilité à naviguer dans la vie. Et j'ai gagné quelques galons dans l'estime d'Héloïse.

De son côté, elle fréquente de plus en plus de neurologues, de neurobiologistes, enfin de types portés sur les nerfs. En particulier un certain Stan. Pas mauvais bougre. Un rien technique, tout de même, spécialiste de la nouvelle imagerie électronique numérique médicale. Passionné par les histoires de coma.

Stan ne pense pas du tout que l'estomac soit le siège de l'âme. Il pencherait plutôt pour l'hippocampe. Une petite structure du cerveau qui évoque la forme de ce petit animal marin à tête de cheval qui nage en position verticale. Il m'est arrivé d'observer un hippocampe, dans l'océan Indien ou je ne sais où. Il m'avait paru prétentieux. Un peu cheval de cirque. Haute école d'équitation. Cette façon de se propulser droit comme un *s*... De faire à la fois le cheval et le cavalier.

Je comprends tout à fait qu'Héloïse poursuive ses recherches scientifiques et qu'elle y trouve matière à distraction. On ne peut pas se contenter de quelqu'un qui continue à manger son estomac.

Parce que je continue, paraît-il. Moins ostensiblement, plus raisonnablement, si l'on veut. Mais je continue.

— Tu comprends, m'a-t-elle déclaré récemment, je t'adore, mais tu es trop difficile à vivre.

C'est son côté touchant. Elle est persuadée qu'il y a des gens faciles à vivre. J'ai essayé de lui expliquer que tout le monde était difficile à vivre.

Mais je n'ai pas insisté. Je suis rentré faire réchauffer la soupe. Une soupe de fanes de radis. Un oignon, une gousse d'ail, deux pommes de terre, une cuillerée d'huile d'olive, sel, les fanes. Mixer. Éviter de trop poivrer, c'est déjà très goûteux.

J'avais sans doute mouliné un peu trop de poivre. Je me suis précipité sur ma bouillotte, « Mère Saboyat », et je me suis allongé.

Un moment, j'ai entendu une voix. En moi. Pas ma petite voix intérieure, que je connais bien, qui m'ennuie souvent et que je n'écoute plus beaucoup, d'ailleurs, que d'une oreille interne distraite. Plutôt une voix intérieure/extérieure, dirais-je. Un peu rauque, un peu lasse. J'ai pensé à un vieil ange fatigué. À une espèce d'archange d'occasion.

Il s'agissait de mon estomac.

C'était la première fois qu'il s'adressait à moi directement.

Il voulait m'expliquer qu'il ne lui restait plus grand-chose et qu'il n'en aurait plus pour très longtemps si je continuais comme ça. Que je diminuais en même temps que lui. Que je n'avais toujours pas compris que tout était affaire de digestion. Y compris la métaphysique. Que je devais croire bêtement que le Grand Esprit était une espèce d'empereur Charlemagne, qui plaçait les bons élèves à sa droite et les mauvais à sa gauche, mais qu'il y aurait à manger pour tout le monde.

On savait que les Yaquis du Mexique professaient que Dieu était un aigle immense se nourrissant de ses créatures. C'était à peu près ça selon lui, sauf que Dieu n'était pas un aigle mais un estomac. Infini.

— Je m'en doutais un peu, dis-je. Mais n'oublie pas que tu es sorti des statistiques, ajoutai-je avec un rien d'humeur.

— Ne fais pas le malin, répondit-il. Et sache que le Grand Estomac Universel a horreur des ulcères dans ton genre. Tu ferais bien de te réformer au plus tôt. Réduire ton acidité. Remonter un peu tes seuils de tolérance. Baisser ta garde. Essayer d'aimer un peu les gens. Faire la paix. Ce serait mieux.

« Mère Saboyat » commençait à refroidir.

Je ne tenais pas à prolonger indéfiniment cette conversation.

— Oui, tu as raison, reconnus-je. Ce serait mieux.

C'est vrai. Ce serait mieux.

Le lendemain, il pleuvait fort sur la place de la Bastille. Au bord d'un trottoir inondé, j'avais repéré en passant une carte à jouer, à l'envers. Je m'arrêtai un peu plus loin : c'était peut-être une figure, un présage. Je revins sur mes pas et retournai la carte du bout de ma canne.

Une figure.

Et pas la Dame de pique.

Le Roi de cœur.

Bien joué.

Cet ouvrage a été imprimé en France par

CPI
BUSSIÈRE

à Saint-Amand-Montrond (Cher)
en novembre 2013

Composition réalisée par PCA
44400 Rezé

N° d'édition : 53521/01 – N° d'impression : 2005631
Dépôt légal : janvier 2014